多文化社会を生きる子どもと
スクールソーシャルワーク

鈴木　庸裕
新井　英靖 ◎編著
佐々木千里

かもがわ出版

はじめに

ひとりの子どももとりこぼさない。
たったひとりであっても置き去りにしない。

　置き去りにしないとは穏やかならぬ表現ですが、「見ようとしなければ見えない」という、私たちに求められる社会的アクションを一言で示していると思います。この社会的アクションは、個人の洞察力や意識の力だけに支えられて達成されるものではなく、人びとのチームや組織、地域において、包括的になされていくものだと思います。

　学校におけるソーシャルワークにおいては、子どもの基本的人権に根ざし、多様性に目を向けたダイナミックな実践がこれにあたります。したがって、教師（教育職）とソーシャルワーカー（福祉職）などが協力しあって、子どもの多様性への気づきを深めていかねばなりません。学校などで何か問題が指摘されたり、あるいは要請を受けたりしたとき、直ちに子どもへ接近するソロアプローチではなく、「子どもの孤独に対する気づきは人びとの協働から生まれる」というチームアプローチが、その実現に役立ちます。教育職と福祉職を区別して、教師とスクールソーシャルワーカーそれぞれの専門性や役割をことさら明示していこうとする姿勢は、多様性に響く実践力を弱めてしまいます。

　また、少数派・弱者＝個の多様性とみる従来の見方も、修正していかないといけないのではないでしょうか。子どもたちは多様性の主人公であり、支援の客体・対象ではありません。したがって、本書でいう誰ひとりとりこぼさないというのは、特定の子どもだけでなく「すべての子どもたち」に向けた学校におけるソーシャルワークからのメッセージとなります。

　本書は、2部構成です。

　第1部の1では、誰もひとりぼっちにしないために子どもたちをどう理解し、学校そのものが子どもの多様性を保障する場になりうるために、支援に携わる者がどのようなチームアプローチや多職種協働をつくっていけばよいかを論じています。2では、「困った子は困っている子」論と支援の個別性の課題、そしてすべての子どもたちへの合理的配慮への転換について、今日的な示唆をふくんで論じています。3では、不登校の子どもたちへの支援の多くが長期化、継続化するなかで、アートとサイエンスの実践的視点から、今あらためてどこに気づきを求めていけばよいのかについて提案しています。

　第2部では、子どもたち一人ひとりの尊厳にもとづく実践について、5つのユニットをつくり、一人の子どもも見のがさない支援とその創造について述べています。病気や障害の子どもと特別支援教育では、訪問教育や院内学級を通じた教育権保障。マイノリティの子どもの心理的・社会的支援では、性別違和や多様な性を生きる子どもたちや外国にルーツをもつ子どもたちへの生活

3

権保障。いじめ問題へのアプローチでは、被害者と加害者それぞれに孤立や放置をされないための支援。さらには、東日本大震災後に子どもたちが抱える生きづらさのなかで、まだまだ目が向けられていない課題について。そして、児童養護施設と学校の協働や学校支援と地域の橋渡しから見えてくる子ども理解とネットワークづくりについて。これらの実践のなかには、ベテランのスクールソーシャルワーカーや教師であっても見落としてしまう「未認知な部分」があるかもしれません。その点を確認していただければと思います。そして、それぞれの実践者（執筆者）が周囲にいる人びとといかに多職種協働の営みをつくりあげているのかに着目していただければ幸いです。

　　　　編者を代表して

　　　　　　　　　　　　　　　　　　　　　　　　　　　2018年5月　鈴 木 庸 裕

目次

はじめに　3

第1部　子ども理解とスクールソーシャルワーク実践

1　たったひとりの子も見のがさない ———————————— 10

　1　学校の多様性を担うチームアプローチ　10

　2　子どもを中心に置くチーム　15

　3　多職種協働をくぐるなかで　18

2　「困った子は困っている子」論を超える ———————————— 22

　1　「困った子」「ちょっと変わった子」のとらえ方　22

　2　小1プロブレム・中1ギャップを予防する教育と学校ソーシャルワーク　25

　3　障害児に対する「合理的配慮」と学校ソーシャルワーク　27

　4　高等学校における特別支援教育の推進と進路指導の課題　31

　5　「困った子は困っている子」論を超える　33

3　多文化社会としての学校とスクールソーシャルワーク ———————————— 35

　1　子どもが学校から遠ざかるということ　35

　2　すべての多様な子どもへのまなざし　39

　3　子どもたちの発達要求への「気づき」　42

　4　アート＆サイエンスの必要性　44

　5　スクールソーシャルワーカーに求められる自己覚知　46

　6　多様性を認め、共に生き、学び合う多文化社会としての学校　49

第2部　ひとりの子どもも見のがさない支援の創造

Ⅰ　病気や障害のある子どもと特別支援教育

1　訪問教育（自宅療養）の子どもたち ………………………………………… 52

1　訪問教育の実際　52

2　就学猶予・免除と訪問教育の開始　53

3　訪問教育の形態（在宅訪問・施設訪問・病院訪問）　54

4　重症児のための在宅訪問　55

5　病気の子どもの在宅訪問　57

6　訪問教育という「目」をもつこと　59

2　院内学級に通う子どもたちと保育士のかかわり ………………………… 61

1　院内学級（病院の中の学校）へ通う子どもたち　61

2　家族や特別支援学校（病院のなかの学校）の教師、医師、看護師との協働　62

3　保育士の役割と今後の課題　67

3　難治病の子どもたちの教育保障 …………………………………………… 69

1　病弱教育の現状と実践的課題　69

2　子どもたちへのかかわりと学習支援　72

3　学校とソーシャルワークを含めた専門家との協働　76

Ⅱ　マイノリティの子どもの心理的・社会的支援

4　多様な性を生きる子どもと学校文化 ……………………………………… 79

1　多様な性を生きる子どもたち　79

2　学校での対応の課題　80

3　「結ぶ」支援と学校文化の再構築　82

5　外国にルーツをもつ子どもたち ──────────────────── 87

1　差別事象がきっかけに見えてきたもの　87

2　「民族学級」から学ぶもの　90

3　子どもの背景に迫り、ニーズから支援を考える　93

Ⅲ　「いじめ」をめぐるアプローチ

6　いじめ被害からの回復と学校復帰 ──────────────────── 95

1　いじめ問題の現状　95

2　いじめ被害からの回復に必要なこと　97

3　子どもの権利と真の被害回復　99

4　被害者心理に対する理解　101

7　「いじめ加害者」の立ち直り支援 ──────────────────── 103

1　学校で起きるいじめ問題─「被害者」と「加害者」への対応の実際　103

2　加害者への対応不足をどう克服するか　105

3　加害者が取り残されないために　109

Ⅳ　被災地の子どもの発達支援と地域づくり

8　震災避難により地域を失った子どもたち ──────────────────── 111

1　避難により「地域力」を失った子どもたち　111

2　震災と避難　112

3　避難で変わってしまった家庭環境　114

4　地域を子どもの成長のプラットフォームに　116

9　震災後の乳幼児と作業療法士のかかわり ──────────────────── 118

1　母子保健における作業療法　118

2　子どもたちの生活や人生の選択肢を増やす　121

3　自分に自信をもってもらうこと　122

4　子どもの通訳者として　123

5 ふだんの様子から見つめなおす　125

6 一人ひとりの子どもに寄り添う地域のネットワークを　127

V　地域・施設・学校をつなぐさまざまな支援のかたち

10　児童養護施設と家庭・学校の橋渡し　129

1 児童養護施設で考えていること　129

2 愛着を構築するということは―「大切な人を心に住まわせる」　130

3 子どもをひとりぼっちにしない　131

4 わたしのために動いてくれる大人の姿　135

11　相談支援専門員による学校支援と支援者支援　137

1 地域相談センターの相談支援専門員として　137

2 日々、心がけていること　138

3 実は校長先生も困っている　140

4 「問題視」する観点を見直す　141

5 個別支援計画を一緒に書く　142

6 縦の連携から横の連携へ　143

おわりに　145

第1部

子ども理解と
スクールソーシャルワーク
実践

① たったひとりの子も見のがさない

1 学校の多様性を担うチームアプローチ

(1) 専門性が多様性を遠ざけないように

「ひとりの子どもも見逃さない」ということは、学校のもつ多様性と、子どもが経験している多様性を、専門職と言われる私たちがしっかりと受け止めているかどうかを指すことばだと思います。

子どものいのちや暮らしに携わる専門職にとって、多様性（ダイバーシティ）は今後ますます大切なテーマになります。多様性とは、「幅広く性質の異なるものが存在すること」です。個々人の違いを尊重して受け入れていくことや、個々人の違いに価値を見つけるという意味があります。外見からわかるものもあれば、表面的には見えない要素である雇用や収入、家族構成、趣味、出身地、価値観などもあります。このように、多様性は無限大にひろがります。

しかしながら、学校という組織のなかでは、注意すべきことがあります。学校の組織のなかでは、多様性が個を尊重することよりも「多様な人材を活かす手立て」に変質してしまうという点です。さまざまな違いを尊重して受け入れ、違いを積極的に活かすことで、ある現状に対応していくときに、その効果に目が奪われるということです。しかし、学校とは個々人の成長と発達を最大限に保障するところであり、ひとつの目的に向いた個人の成果や能力への貢献度だけを評価するところではありません。

多様性をめぐって、社会福祉の専門職にはソーシャルワークをめぐる国際的な定義があります。「ソーシャルワークは、社会変革と社会開発、社会的結束、および人々のエンパワメントと解放を促進する、実践に基づいた専門職であり学問である。社会正義、人権、集団的責任、および多様性尊重の諸原理は、ソーシャルワークの中核をなす」というもの

です。この「多様性尊重」の原理が、社会正義や人権、集団的責任と並んで、定義の上で大切な文言として位置づけられました。ここには、従来の定義にあった「普遍性」という語句に対峙するように、科学的知識から「地域民族固有の知」への着目という見直しがあります。さらに集団的責任とは、クライエントも支援者も、ともに自己責任論を脱して社会的支援を軸にして考えていこうとするものです。支援者個人の力量（ソロアプローチ）を高めることだけでは、支援される側がつねに客体となります。そういったことがないように、支援する側もされる側も主体と主体の関係で見ることを、この定義は求めています。

　これまでソーシャルワークを語る上で欠かせなかった「人と環境の接点への介入」（エコロジカルアプローチ）の語句が定義からなくなり、多様性がソーシャルワークの基本原理の一つとして新たに位置づいたことは、人びとがお互い同士、そして環境に対して責任をもち、相互扶助や相互依存、つまり人から助けてもらうことも自立の一つであるという考え方にシフトしたことを示します。環境への配慮や環境と共生するのは、子どもやその家族だけでなく、支援や援助する者にとっても同じです。むしろ高度な専門性が、個々人の分断を生み出してきたことへの見直しを、自ら示そうという意図を読み取ることができます。

　いま、多様性への着目とは、子ども（本人）の孤立や孤独に対する気づきを他者との対話のなかで生みだすことであり、それは「すべての子どもたち」に向けた学校づくりのもとになります。

⑵ 協働の場としてのプラットフォーム

　近年「学校をプラットフォームに」という声がよく聞かれます。これは学校教育にスクールソーシャルワーカーを配置する根拠の一つにもなっています。

　プラットフォームとは、物事が動き出すための土台（環境）を指します。駅舎のプラットフォームになぞらえれば、発着点や発信の場です。しかし、学校においては、本人の意志とは別に「あなたは何番フォーム」と選り分けられる選別の場にもなります。

　教室を列車に見立てると、学校というプラットフォームは、いろいろな相談を受ける総合支援の場となり、今日、教育や心理、福祉、医療、司法などの複数の職種が降車したり乗車したりする、子どもにかかわる協働者の「居場所」になります。その際、子どもの発達や成長にとって、貧困や不登校への対処や予防に役立つ社会的サービスの手続きに善し悪しがあるのは問題です。その質を高めていくのが「学校のプラットフォーム化」の意味であり、ここに地域格差があってはいけません。

　しかし、スクールソーシャルワーカーの取り組みは、入学時の入口支援と卒業時の出口

支援となり「中抜け」することがあります。就学支援の卒業まで寄り添い、出口支援として高校につなぐことは重要ですが、時間切れのように卒業式を迎えるようなことがないようにしなければならないでしょう。卒業を前にした子どもが、全体の動きを肌で感じて、あきらめにも似たレールに乗って泣き寝入りする、そんな置き去りの状態になることは避けねばなりません。長期欠席中の子どもの学習権保障はどうなるのか、そのままにしてきたことに無頓着ではいられません。子どもの数か月は大人の数年にもあたります。二度とかえってこない時間でもあります。

また、乗り継ぎや途中下車という言葉を使えば、プラットフォームでの多職種協働の形態（チームアプローチ）と質が大きく問われます。乗り継ぐ人が自分の力で迷わず行き先を決めて次の列車に乗れることもあれば、そこに配慮や補助がいる場合もあります。

ソーシャルワークについて、「学校の外で見つけてきたことを学校にポンと持ち込んでくる」というふうに見られることがあります。児童相談所の職員や地区の保健師さんとかかわりをもつ保育所の児童について、小学校入学直前に報告されても、その子に見合った力量をもつ教師とのマッチングを考えて、入学時のクラス編成ができるわけではありません。他の学校から転任してきたばかり、前年度の3学期のケース会議にも参加していなかった教員が担任になることも多いのです。学校の外で会議や支援の段取りがなされてきたものへ、即座に対応することはできません。就学指導や前籍校からの引き継ぎなど、事前の打ち合わせがあればよいのですが、それがなければ、支援や配慮事項の把握や支援計画をめぐって、関係者間の支援方針をうめるために何か月もかかることがあります。子どもと親、教師が生活する学校のなかで起こっていることは日々変わります。見ているところの視点が違う、同じ言葉でも意味合いが違うなど、すりあわせはとても難しい。それでも「計画」「生活」「子ども理解」の3つの次元で共通基盤を形成していくことは、子どもを見逃さない最低限の条件整備の事項になります。

⑶ 枠を広げる勇気と情熱

スクールカウンセラーが心理専門職として学校で仕事をすることになってから、20年以上が経過しました。スクールカウンセラーたちも、教師以外の他職種を学校がどう受けとめてきたのかをめぐり、数多くの考察や分析を行ってきています。学校が求める心理職とは何かについて、相当な議論がありました（村瀬、2013）。「学校で数名しかいない不登校の子どものために、そこまで面倒を見なくてもよい」という声と闘ってきたスクールカウンセラーも数多くいます。スクールソーシャルワーカーも、配置がはじまるやいなや、学校現場が抱えている今日的課題に対する即戦力として、家庭が抱えている問題に注力する

ことが求められました。しかし、学校のあり方について問題を提起したいという気持ちのある人も多くいます。

　スクールカウンセラーの職務は、「ガイドライン」（文部科学省、2017）によれば、「心理に関する高度な専門的知見を有する者」として、不登校やいじめ、非行・暴力などの問題行動、そして子どもの貧困や児童虐待の未然防止、早期発見及び支援・対応、さらに学習面や学校での対人関係などで困難をもつ子どもや障害を持つ子どもとその保護者への助言・援助にあります。その際、「これらを学校として認知した場合」に、カウンセリングや情報収集・見立て（アセスメント）や助言・援助（コンサルテーション）を行い、その特徴として、すべての子どもが安心した学校生活を送ることができる環境づくり、個々の子どものみならず「学校コミュニティ」の支援とあります。スクールソーシャルワーカーにも、コンサルテーションが求められます。しかし、あるケースについて、思いや助言や意見を述べるということは、コンサルテーションではありません。

　ところで、スクールソーシャルワーカーの仕事が把握しづらい、と言われることがあります。あるカウンセラーは次のように言います。「スクールソーシャルワーカーと一緒に仕事すると、やりにくくなるときがあります。それは広げられちゃうという感覚です」。ケースを考えるとき、登場人物が多くなりすぎるとも言われます。クライエントとの関係性や専門性の違う人がいるチームは大切です。しかし、最終的に責任をもって対応できる人はそれほど多くありません。カウンセラーは、親子の関係性を見ながら、学校という枠組みのなかでどうしていかねばならないかを考えます。その親子に問題を沿わせていきながら、善し悪しは別として、誰がどうしたのか、どう言ったのかという話が耳に入ると、集団守秘のできる人であればよいですが、それが曖昧な人がチームに入ったとき、組織の修正や改変が難しくなります。小規模な地域であれば、チームに入った人が当事者の親戚であることもないとはいえません。学校という空間・資源・人材のなかでできることを考えるとともに、こうした人選の不適合の判断も必要になります。

(4) 専門性による支援から関係性としての支援へ

　一方、守秘という枠が子どもたちの孤立や生きづらさを生み出すこともあります。地域の専門職間の守秘と、チーム内での守秘とは次元が違います。クライエントとの間での守秘と、チーム内での守秘との違いもあります。有益な情報は誰もが旺盛に使おうとします。オープンな気持ちをもつカウンセラーも少なくありません。しかし、スクールソーシャルワーカーが相手にするケースには守秘の観念が緩い人もおり、注意していてもかかわらなければならなかったり、声をかけざるをえないこともあります。

1　たったひとりの子も見のがさない　13

教師は子どもの認知と生活行動を、カウンセラーは心のなかを、ソーシャルワーカーは生活をみている。そのなかで、「つなぐ」「連携」といった言葉が多くなるほど、守秘への観念が曖昧になります。仕分け（セグメントやトリアージ）がてきぱきできる人ほど専門性が高いと見られる感覚もあります。「自分が動いてなんぼのもの」という感覚をもつソーシャルワーカーに対し、「どうしてこんなに巻き込まれるのに平気なのかなあ」と驚くカウンセラーもいます。「巻き込まれること」は優しさです。スクールソーシャルワーカーは日頃から他職種とかかわる仕事なので、ある程度巻き込まれることは避け難いことなのですが、それをしっかり自覚するところに専門性が求められます。

　今日、専門性や技術による支援から、関係性による支援へと変わりつつあります。支援の幅を広げていくことは、大きなレンジから奥深くまで掘りこんで収集にあたることです。一方、見立ては枠を創ることで可能になります。自身の仕事を限定することによって専門性が発揮され、幅を絞ることで問題解決の速度感が増します。医療機関などはクライエントとの契約や任意で長いスパンで対応できますが、学校は1年が単位です。スクールソーシャルワーカーが、最初から家族を巻き込んでいくことは、支援者の自己都合かもしれません。問題の発生を家族に帰してしまわないか、誰も置き去りにしない支援を考えるとき、置き去りになるきっかけをつくってきたのは誰かを考える必要があるでしょう。支援者が家族の孤立の発端をつくっていることもあります。

⑸ 感情移入によって見えなくするもの

　家庭訪問をしても、なかなか子どもと会えない、会わせてもらえなくて、家にいる親や祖父母の話を聞いて終わることもあります。会うことだけが目的でなく、子どもの代弁ができている人（子どもどうしの場合もあります）を正しく見つけることや、そうした人の存在に気づくことも大切になります。

　人からの伝聞や面談が多くなると、つい転移感情との区別が不十分になったり、誰が誰の味方なのかを見つけようとしがちです。母子vs学校のような状況では、間にいるスクールソーシャルワーカーやカウンセラーが母子と長くかかわっている場合、教師に対して反発することがあります。当事者を抜きにした専門家同士の代理戦争が始まったり、学校と家庭との間でおこっていることを再現していることに気づかないでいることもあります。

　大切なことは、誰の感情を転移し、誰の感情を転移した人と向き合っているのかをしっかり理解しておくことです。多くの話を聞いた側にのめり込んでしまいがちですが、感情で動いてしまうと、「中立」という気持ちをワークに発揮できません。家族は「組織（学校）と個人（親）」との関係においては弱者です。弱者の味方、不利益を被っている人の側に

あることは、ソーシャルワーカーの価値観であり存在理由です。「ソーシャルワーカーは親の肩をもつので困る」という声は、的外れです。

スクールソーシャルワーカーの有用性として挙げられるのは、学校に不信をもつ親の話を聞き出して、それを教師やスクールカウンセラーに翻訳してくれるときです。そのことによって、どう歩み寄ればいいかを考える余地や方策ができるからです（社会福祉の制度・法規・サービスの活用は、この余地や方策の一つでしかありません）。

しかしながら「不信の解消」は教師にとってやや弱いスキルです。親の思いを聴き取るよりも、指導や注意を先行させてしまいがちです。「私も子どものことが心配だから、一緒に考えたい」と歩み寄り、一歩下がって考えたり話をするのではなく、単刀直入に、かつ「まじめに」指導の話をしてしまいます。そうではなく、雑談や世間話から中核に迫ったり、「みんないっしょですね」と少し譲って話すなど、「一緒にやっていきませんか」という部分をスクールソーシャルワーカーが耕す必要があるでしょう。学校は、「お母さんはこう思っています。本音はここなんです」という声を運んでくれることを、スクールソーシャルワーカーに望んでいます（髙良、2014）。

その一方で、あまりよい言葉ではありませんが、「首に鈴を付ける」という役割も期待されています。教師や保護者が、スクールカウンセラーやスクールソーシャルワーカーから助けてもらっていると感じるのはどんなときか。それは、今、何が起きているかをはっきり教えてくれる、分析して伝えてくれる、そして、今はこんなことが起きているから、これからはこうするとよいのではないかという指針がもらえるときです。スクールソーシャルワーカーが、要保護児童対策や福祉サービス、経済的な支援施策など、教師の知らないことを喚起しすぎると、それは学校の外のことだから任せたいという認識につながり、学校のなかで一緒に仕事をする人というより「外注先」というイメージをもたせてしまいます。スクールソーシャルワーカー自身が、教師を丸投げ姿勢に追い込んでいるのかもしれません。これでは、以下に述べる「多職種協働」の芽を摘んでしまいます。

2 子どもを中心に置くチーム

⑴ 子どもは大人を映し出す鏡

誰がどう動くのかという課題は、個々人が他の職種に何を担ってもらいたいかという想像力ともかかわってきます。事前に関係者が集い協議する場や信頼関係があることが前提かもしれませんが、うまくいっているときは、意外に個々別々に勝手に仕事をしていると

きかもしれません。

　「うまくいったケース」「問題が解消したケース」の真ん中には子どもがいることです。子どもと一緒にいる教師や親、スクールソーシャルワーカーや保健師が、蜘蛛の巣のような横のつながりというより、支援者は子どものあっち側にいる人という位置関係です。これは子どもに力を付ける仕事という考え方を優先させたものです。その子のすべてを誰か一人が知っておかなければならない、ということではありません。「担任はこう言っているけど、あなたはどう思う。なるほどそうか、じゃあ、こうしてみようか」と、子どもがいろいろな人からもらうアドバイスを、その子が選別し、自分のものとして受け止めようとすることを励ましていく。これは対人援助におけるカウンセリングの成長モデルです。ただ、認知にゆがみや強い特性があるときには、本人よりもまわりが動いて調整や修正をする場合があります。

　誰か一人が子どものことすべてを知っておこうとすることは、チームワークにつながりません。支援や援助にあたる者が話し合って軌道修正することは不可欠ですが、その一方で、その都度面談しなくてもいいときのほうがケースは良好に動いているということもあります。子ども（クライエント）を通じて閉ざされた壁の向こう側が見えるという意味です。

　子どもたちは、私たちチームの姿を映し出す鏡になります。キーパーソンは誰か？ということがよく話題になりますが、支援者にとって動きやすく効果の上がる人を指してはいないでしょうか。そのキーパーソンは、子どもから見て「選ばれた人」なのかどうか？この問いが大切になります。

⑵ 誰もが同じことをしている

　スクールソーシャルワーカーの役割に、SOSを出せない人への対応があります。

　自ら相談に来ることができる人は、社会性もあり、他人にものごとを託す力ももっています。SOSが出せないのか、出さないのか。SOSを出すと、逆に物事を要求される、つまりは自己責任を追及されてしまうので相談したくないという人も少なくありません。スクールカウンセラーとスクールソーシャルワーカーの重なる点は、ともに相手の話をよく聴くということです。困った人からすると、誰に対しても相談は同じです。登校をしぶる子にどう声をかければいいのか悩む母親は、はじめは誰が助けてくれるのかわからないので、周囲の人に同じ相談を持ちかけます。相談内容への見立てやアドバイスは違っていても、うまくいっているケースでは、実はみんなが同じことをしています。それは、その人のニーズに応えて資源を提供するということです。社会資源もあれば自己資源もありま

す。これは時系列で出来事が枝分かれしていくことではないし、競い合うようなものではありません。相談室登校をはじめたばかりのとき、ソーシャルワーカーと相談室でトランプをして遊んでいる。これはカウンセラーから見れば、子どもとプレイセラピーをしていることになります。折り紙を一緒にしたり、休日に山登りに行ったりするようなアクティブな活動もセラピーです。

　ある福祉系の大学を出たスクールカウンセラー（臨床心理士）が、「学生時代に福祉を勉強し、医療機関でソーシャルワークの仕事もしてきているので、学校に福祉職がいてくれると自分の（心理の）仕事に集中できるのでうれしい」と言っていました。スクールソーシャルワーカーに望むのは、児童相談所や保健福祉・医療福祉の行政の仕組みがわかること、その力を借りられる人、どの行政窓口にもものが言えて、ストップもかけられ、ときにはケースで抱えた加重なストレス発散のバックヤードになってくれることです。何の専門家であるかがわかると、学校は声をかけやすくなります。福祉の専門家として、社会の枠組みがわかり、行政機構の諸力が使える専門家というようなラベリングを教師は好みます。この点をクリアに説明すると、学校の先生はスクールソーシャルワークについて安心し、納得してくれると思います。今日では、「なんでも屋」「黒子」「つなぎ役」などの言い方でスクールソーシャルワーカーを説明することはできません。

　さらに、仕事を始めるときから培っていくものですが、地域に人脈があることです。その人の誠実さや熱心さだけでなく、背中に大勢の人びとの顔が見えるスクールソーシャルワーカーにこそ、誰もがSOSを出したくなるのではないでしょうか。

⑶ 「学校が職場となる仕事をすること」をめぐる専門性

　スクールカウンセラーやスクールソーシャルワーカーも、後からスクールを冠して始まりました。

　「スクール」カウンセラーが導入された頃、よく聞かれた苦労話に、病院で心理臨床をやってきた経験とは大きく異なり、学校でもセラピストであろうとした人たちは、それがまったくできず続けられなかったということがあります。学校の時間や場を使ったカウンセリングしかできないので、教職員の力という「引き出し」や学校の行事という「引き出し」、学級の子どもたちの力なども、臨床技法の一つとして組み込んで考えなければなりません。病院であれば患者から精神分析の手法に来てくれるのですが、学校はそうではありません。

　「スクール」と名がついたときに、それまでのカウンセリングの概念を変えないとやっていけないと思った方も多いようです。これまで学んできたものを一回壊して、もっと広

1　たったひとりの子も見のがさない　17

い意味で相談を受けることができるようにすること。たとえ相談援助をめぐる専門性が薄くなったと感じたとしても、学校で仕事をすることで求められる役割や課題が多様になり、対応するスキルも豊富になったとも言われます。「なんでも屋になった」と思うこと自体は否定するものではなく、その時期をどうくぐり、今はどうなのかを自問自答できるか否かが重要になります。

　クライエントと何年つきあえるかという点では、病院やクリニックでは5〜10年の間、同じクライエントと向きあうことで、人として成長していく筋道につきあうことができると言われますが、1年単位の学校ではそれができず、スピードが求められるため、ブリーフセラピーや短期療法、認知行動療法が重宝がられます。フロイト派のように生育歴的に人生を見るという精神分析のカウンセラーから見ると、その時々の行動やものの見方をどう変容させていくのかという目先の事柄に課題が焦点づけられてしまいます。らせん構造の成長への見方をもとに、その時々に助けを求められる力を子どもに育てたいと思っても、学校でそれをしようとすると時間切れになってしまいます。これは看過できない課題です。

　逆に、大きな病院に勤めていた心理士は、学校での仕事はやりやすいと言います。いつも上席に医師や看護師がいて、カンファレンスでも最後にちょっとしゃべれるくらい。全体からみるとたいしたことはできていない。そんな感覚を肯定的にもっている人のほうが、学校には馴染みやすいようです。その意味では、学校はソーシャルワークが馴染みやすい場なのかもしれません。

3　多職種協働をくぐるなかで

(1) 多職種が子ども理解を豊かにする

　「チーム学校」という言葉が後押ししている面もありますが、学校での多職種協働が拡がりつつあります。多職種協働といっても、日頃から同じ職場で違う部署にいて、会議のときに一緒になるというレベルから、名前も顔も知らず専門が違う人どうしが、召集がかかって初めて一緒に仕事をするレベルも増えています。後者には、いじめなどの重大事態の後に開催されるいじめ調査の専門委員会があります。弁護士や心理士、福祉士、医師などが参集するものが多くあり、弁護士とその他の職種の間に衝い立てがあるような印象もありますが、意見のすりあわせが一巡すると、同じところも違うところも出てきます。

　いじめ調査の委員会活動を経験して考えたことがあります。それは、教育・福祉・心理

の職種には支援する視点が強く、調査のとらえ方が「支援のための調査」になりがちだということです。弁護士は、事実認定のための調査という明確な立場があり、どういう理由でこうなったのか、対人関係や環境要因をふまえて調査を行います。それは、あなたのしたことはいいことか悪いことかという白黒をつけ、行った内容が何罪にあたるのかを考える構造です。そこで、事象の集積から事実を見て、いじめにあたるかどうかを見極めようとします。パワハラやセクハラのケースも同様ですが、弁護士はこの調査で何ができるかという枠をつくってくれます。その組み立ての早さと明確さは、他の職種からするとうらやましい世界だと感じるところです。

　支援職は主に会話でやりとりをしますが、弁護士は文書で行います。主務は起案、つまり文書にすることです。文書にするとネガティブになりがちですが、相手がどうとらえるかを常に意識することに長けています。顔をあわせて対話するという点ではやや劣るところもあり、福祉士や心理士などがかかわる必要があります。要点は、カンファレンスの感覚と、コーディネートする専門性です。調査を進める作業に問われる経験の有無や程度において、カンファレンスに習熟していることが委員会活動の質を左右します。

　自らの分析を提案し、周囲から仮説を出しあい、みんなで検証し合意を形成していくなかで、福祉の立場としては、重大事態の背景に直接かかわりが認められないものでも、事後対応に必要なことを、生育歴や家族の調査を通じて調べておきたいという思いがあります。いじめの重大事態において「加害者」とは、いじめの認定や第三者の評価があってから始まる用語です。その前の「人としての」生活や環境を見てくことを大切にしているのです。

(2) 気づきには制度・システムも大切

　病院の医療ソーシャルワーカーについて、ある心理士がこう語ってくれました。「病院だと、通院のあと、法律的に精神科のクライエントについては就業支援や地域生活支援、家庭支援の法規制度がある。どんな書類を出すか、どんな支援があるか、という形がある。ソーシャルワーカーはそれに従って、診断書を書いてもらうなど、生活保障に有用なものが前もって準備されている。自立生活のためのアパートを探したり、市の健康保健部局と事後対応の段取りを付けたり、退院支援をしたりというように、やることがはっきりしている。身上監護や補佐、あるいは精神、老人、乳幼児など保健師もわかれており、それぞれに法律があり、支援計画や具体的なプログラム、社会資源がある。このように、何にもとづいて動くかがはっきりしており、社会資源も限定できる」と。このように見ると、いわば「書面をつくっても渡すところがない」学校との違いが浮き彫りになります。

1　たったひとりの子も見のがさない　19

子どもにかかわる法律という点では、児童相談所との業務連携や要保護児童対策地域協議会（法的に設置されたもの）の稼働、保健師さんの家庭訪問業務などがありますが、学校をステージにすると、子どもの支援に使える法律ははっきりしません。よく動いてくれるソーシャルワーカーがいてくれたとしても、その人がいなくなったら元の木阿弥になってしまいます。それをボランティアでやってしまうと、次年度は補助で済まされてしまい、持続可能な制度にならない。ゆえに、目先の事業、予算頼みの事業になってしまうわけです。

　心理相談にはニーズがあり、モチベーションをもって来談する人が多いので、何をアドバイスすればよいか、どこを深めればよいかがわかりやすいといえます。気づいてはいるけれど、アドバイスをもらうことで背中を押してもらいたいという思いの方もいます。クライエントにとっても得るものがわかりやすいと言えるかもしれません。

　一方、ソーシャルワーカーのアドバイスは、それが自分に必要なものだという認識はあっても、終わるまではわかりにくいということも少なくありません。教育にも似たところがあります。最後まで聞かないと相手の意図がわかりにくいという、日本語の文法にも似ています。この部分に何らかのルールがあると、不要な悩みを払拭することができます。

(3) 一人ひとりに寄り添える「働き方」をどのように育むか

　「他の職種と一緒に仕事をしていて楽しいですか」という問いに対し、「チームであると楽しい」と、よく言われます。他のメンバーにしてほしいことを提示しあって、みんなで分担し動いていくと良い結果が生まれ、それをまわりに波及させながらケースにかかわっていく。これはケアの仕事の基本ですが、私たちはどこでそれを身につけてきたのでしょうか。

　多様な職種で仕事をしたとき、力があると思った方に、そのことを問うてみました。その人は「小さい頃、ゴレンジャーが好きだった」と言います。月光仮面や仮面ライダーのようにひとり（ソロ）で闘う勇士ではなく、一人ひとり個性があり弱点もあるメンバーがチームで闘う「戦隊もの」に共感を覚えたのだそうです。また、ある人は『指輪物語』を映画化した「ロード・オブ・ザ・リング」が好きだったと言います。世において絶大な力を秘めた「一つの指輪」をめぐり、選ばれし仲間9名が旅をし、冥王復活を目論む闇の軍勢との戦いと冒険を描いた作品です。一緒に旅をするのは、ドワーフやフォビット、地底人、エルフ、妖精、ちび……。相手を尊重して認めたり、認められた経験や世界がおもしろいとのことでした。

この章では、心理職やスクールカウンセラーの声やエピソードを採り入れて書きました。それぞれ、日本の学校教育に他職種が導入された、その先人です。はじめからスクールカウンセラーが存在したわけではありません。誰もがそれぞれの取り組みや実践をもってこの名称を使用し、今に至っています。

　スクールソーシャルワーカーも、専門職としてのスタンダード像ができあがっていく道半ばです。そんな今だからこそ大切にしたいのは「みんなでかかわっていく職種」だという理解と経験です。いま学校では「余裕があったらできるのだが」という思いが、分業観を生み出しています。「時間があったら協力するよ」「自分の事で精一杯」という表現が、善きにつけ悪しきにつけ多用されています。そのなかで、スクールソーシャルワーカーだけが「みんなでやること」を基調にした実践モデルを構想するのではありません。みんなでやることがなぜ大切なのかを周囲に呼びかけたり、あるいは、どうして職員が分断されバラバラになっているのかを分析し、その「働き方」の修正を提案するなど、こうした役割が、スクールソーシャルワーカーには欠かせません。

　一つの実践モデルしかもたない人は、学校現場や子どもの生活（現実）の前ではやっていけません。個別の専門職が次から次へと生み出されても、それらをつなぐ専門性をもつ人がいないと何事も始まりません。「子どもの立場」「子どもの声」「子ども中心」「一人ひとりの子ども」を大切にすることは、大人の「働き方」に呼応します。誰ひとり子どもを見逃さない、ひとりぼっちにしない、子どもの人権を大切することは、その実践や業務にあたる者が一人ぽっちでは成り立ちません。スクールソーシャルワーカーの導入は、子どもたちやその保護者とともに、そこで働く教職員の人権も問うものではないでしょうか。

【引用参考文献】

　村瀬嘉代子監修・東京学校臨床心理研究会編（2013）『学校が求めるスクールカウンセラー』遠見書房。

　鈴木庸裕・佐々木千里・髙良麻子編（2015）『子どもが笑顔になるスクールソーシャルワーク』かもがわ出版。

　文部科学省・教育相談等に関する調査研究協力者会議（2017）「児童生徒の教育相談の充実について〜学校の教育力を高める組織的な教育相談体制づくり（報告）」40頁。

② 「困った子は困っている子」論を超える

1 「困った子」「ちょっと変わった子」のとらえ方

(1) 場によって異なる子どもの困難を理解する

　「困った子」「ちょっと変わった子」が目立ってくるのは、子どもが生まれてからどのくらいの時期でしょうか。こうした視点を学術的に表現するならば、「発達障害問題の顕在化」はどのくらいの年齢の子どもに多いのかという問いになります。

　筆者は県内の保育園・幼稚園から小・中学校、そして高等学校まで、気になる子どもの巡回相談という形でいろいろな場を訪れています。その経験からすると、現場の教師や保育士が「この子は発達障害かもしれない？」という疑問が生じる時期は3歳から4歳の子どもに多いです。幼稚園の先生は、家庭から幼稚園という環境に変わり、適応できなくなる子どもが多くみられるということを口にしますが、この傾向は0歳児から子どもを預かっている保育園でも、それほど大きく変わりません。それは、3歳から4歳という年齢が、「幼稚園という場」に行くようになったからではなく、子どもたちが独り遊びから集団で遊ぶようになる時期へと発達する過程で、発達障害の子どもは不適応状態を示すことが多いからだと考えられます。

　ただし、こうした「気づき」は家庭ではあまり生じないことも多くあります。第一子の子どもで、比較する対象が家庭にいるわけでもなく、親が子どもの訴えを身体的なコミュニケーションでうまく受け止められる力をもっていると、家ではそれほど「困った子」にならずに過ごすことができます。そうした「場の違い」を意識することなく、幼稚園や保育園の職員（教師・保育士）が「家でもおもちゃの貸し借りができるような力を身につけられるように指導しておいてください」などと助言してしまうと、保護者にとっては『家では特にそんなことで困っていないのに、園の先生はうまくかかわってくれていないので

はないか？』と逆に不信感を抱かせる結果となります。

　これは、「困った子」や「ちょっと変わった子」の状態は、その子どもがおかれている場（環境）によって大きく異なるということを意味しています。つまり「1対1でかかわることができる家庭」という場と、「集団のなかで保育する幼稚園や保育園」という場の違いで、子どもの困難は「出現の仕方が異なる」ということです。

(2) 「発達障害の特性」を理解する

　以上のような「困難の出現の仕方が異なる」という発達障害の特性は、他の障害児にはあまり見られないことです。たとえば、肢体不自由児であれば、「幼稚園では歩けないけど、家では歩ける」ということはまずありません。視覚障害でも、聴覚障害でも、同様です。医学的に身体のこの部位や機能に障害があるとはっきり診断できる障害については、場が変わることによって困難がなくなるということはあまり考えられません（こうした状態にある子どもを「身体障害」と呼び、障害者手帳が交付されます）。

　一方、発達障害に関しても、障害の定義は明確であり、医学的な診断基準はあります。たとえば、ADHDという障害は、「1、多動性　2、衝動性　3、不注意」という3点をもとに子どもの行動をチェックして確定していきます。そして、「生まれつきである」ということを確認するために「幼児期からこの症状が出現していた」という点が診断の際にチェックされます。また、環境要因による困難ではないということを確認するために、「学校や家庭などの2つ以上の場で同様の症状を示す」という点もチェック項目に含まれます（全国情緒障害教育研究会、2003などを参照）。

　こうした定義に従えば、発達障害の子どもも身体障害の子どもと同様に「場が変わると困難がなくなる」ということはありません。これは、発達障害が「障害」である以上、ある一定の条件下において、同様の状態を示すということが原則となるからです。

　それではなぜ、幼稚園や保育園では困難が生じている子どもが、家庭ではそうした状態を示さないのでしょうか。それは、発達障害児の困難は、困難が出現する条件に「集団において」という点が加わるからだと考えます。つまり、発達障害の特性である「多動性・衝動性・不注意」は、「個人」のなかに「ある」か「ない」かというものではなく、「集団」のなかで「高まる」ものだといえるのではないかと考えます。

(3) 発達障害幼児の支援とソーシャルワーク

　発達障害の特性を、集団のなかで遊び始める3歳から4歳くらいの子どもから顕著にな

り、「集団のなかでの不適応状態」ととらえたら、学校ソーシャルワーカーの役割も大きくなってきます。すなわち、「多動性・衝動性・不注意」といった「医学的・心理学的」な側面に焦点をあててしまったら、ソーシャルワークにできることは早期から「社会適応のためのスキル」を訓練してくれる療育機関を紹介することくらいしかありません。しかし、「集団のなかでどのようにつながるか」を考え、教師や保育士、保護者にアドバイスするのであれば、ソーシャルワーカーにとっては比較的得意な分野になるのではないでしょうか。

　たとえば、どのような活動であれば発達障害の子どもが他の子どもと交流しながら遊べるのかを探り、そうした活動を中心に保育士やまわりの子どもの発達障害児に対する「見方」を変えていくといったアプローチが考えられます。こうしたアプローチは、医師や心理師が提案する医学モデルではなく、社会モデルにもとづくものです。

　もちろん、保護者に対するアプローチも重要です。すなわち、家では特に子どもの困難さを感じていない保護者に対して、幼稚園での不適応状態を見せて、「こうした行動は発達障害児によくみられる特徴だから医療機関を受診してください」とアドバイスをするといった医学的・心理学的なアプローチでは、保護者は園に対する不信感を募らせます。

　一方で、「家のなかでは困っていなくても、公園で遊んでいるときに順番が待てなかったり、人の物を勝手に取り上げようとしたりしたことはありませんか」というように、保護者が社会のなかに子どもを連れだしたときの経験をもとに話をすれば、保護者も話にのってきてくれることが多くなります。もちろん、このときに「お母さん（お父さん）も大変だったでしょう」とねぎらいの言葉をかけた上で、外に出たときにどんな対策をすれば子どもが社会で適応的に行動できるようになるかという点を一緒に考えることが大切です。

　以上のような発達障害幼児に対するアドバイスは心理師（カウンセラー）でもできることであり、必ずしも学校ソーシャルワーカーの固有の専門性ではないかもしれません。しかし、あえて両者の個性（固有の専門性）を区別するとしたら、カウンセラーが保護者の気持ちに寄り添い、子どもの特性に対する対応方法を具体的に述べる人であるならば、ソーシャルワーカーは子どもと保護者の「社会とのつながり方」を話す人であると言えるのではないかと考えます。

　たとえば、「あの公園はいつも大勢の子どもがいるから、お子さんにとってはトラブルの種がたくさんあると思います。遊具は少なくても、こちらの公園のほうが遊んでいる子どもは少ないので、他の子どもに合わせて遊ぼうとすることは多くなると思いますよ」などといったアドバイスにはソーシャルワークの視点が含まれていると思います。それは、「子どもをどのように変えるか」という視点だけではなく、「地域資源をどのように活用す

るか」という視点を含んだアドバイスだからです。

2 小1プロブレム・中1ギャップを予防する教育と学校ソーシャルワーク

(1) 学習困難が出現する「時期」はあるか？

　これまで、「発達障害」等の障害児が示す特性や学習上、生活上の困難は、定義上は場による違いはなく、家庭と学校、あるいは地域社会といったあらゆる場において現れるということを述べてきました。一方で、実際には集団のなかで保育する幼稚園・保育園と、個別的関わり（1対1での対応）が可能な家庭では子どもが示す困難が異なることがあるという点についても指摘してきました。こうした点については、小学校や中学校においても同様です。

　たとえば、小学校3年生ごろから学習内容が抽象的になり、学習内容も増えるので、抽象的な内容を理解することが難しい学習障害の子どもは勉強についていくことができなくなることが多くみられます。また、中学校1年生になると、多くの授業を学級担任の先生が教えていく方式ではなく、教科担任制となります。これにより、教科（教師）によって授業の進め方や課題の提示の仕方が微妙に異なってしまうのですが、自閉症児などの発達障害のある子どもはこうした変化に適応することができず、心理的に不安定になりやすくなります。

　以上のように、発達障害等の「障害児」に関しては、その特性や困難は常にあるものですが、それが「顕在化」するのは学習内容や指導システムといった社会的側面の変化によるところが大きいと言えます。そのため、小学校や中学校においても、ある特定の時期に学習困難が顕著になることがあります。

(2) 幼児期の教育と小学校教育の円滑な接続

　子どもが教育を受ける期間において、学習内容や指導システムが最も大きく異なるのが幼児期の教育から小学校教育への移行期です。すなわち、「遊び」を中心とした幼児期の保育から、「学習」を中心とした小学校での教育へと変化していく時期は、発達障害等の特別な配慮を必要とする子どもたちには、変化に対応することができず、学習困難が大きくなることが多くなります。

　ただし、「近年の子どもの育ちについては、基本的な生活習慣が身に付いていない、他

2　「困った子は困っている子」論を超える｜25

者とのかかわりが苦手である、自制心や耐性、規範意識が十分に育っていないなどの課題」が多いといった指摘も出されていて、必ずしも障害児だけの困難ではありません。これが、いわゆる「小1プロブレム」といわれるものですが[1]、それでは幼児期の教育から小学校教育への移行期にどのような対応が必要なのでしょうか。

こうした実践課題を解決するべく特別支援教育の分野で広まってきたのが、「ユニバーサルデザインの授業づくり」です。これは、発達障害等の特別な配慮を必要とする子どもでも「わかる」授業を展開することができれば、「すべての子ども」が理解できる授業となるという考え方をもとにした実践方法を提案するものです。

たとえば、学校で課題提示の仕方や板書の仕方を統一して、授業を担当する教師が変わっても大きくギャップがないようにすることや、わかりにくい学習内容についてはイラストを視覚的に提示したり、動作にしてみたりして理解を促進していこうというような指導が提案されています（海津、2012,19 など参照）。特に、後者に記した「視覚化」や「動作化」は、絵本を読んだり、お遊戯にして演じてみたりしながら学んでいる幼児期の教育の特徴と類似していると考えられます。

ただし、こうした「ユニバーサルデザインの授業づくり」を進めることについては、疑問の声も上がっています。たとえば、窪島は「一人ひとりの子どもの違い、多様さに応じた学習の指導をその場の子どもとの関係の中で様々な形に作り上げていくという発想」がまったくない「指導の平準化、画一化である」と批判しています（窪島、2014,86）。

⑶ 小1プロブレムに対するソーシャルワーク的アプローチ

これまで、小1プロブレムで指摘されている子どもの育ちの課題は、「学びの自立」「生活上の自立」「精神的な自立」を一体的に培うことであり、こうした「三つの自立」が「幼児期から児童期にかけての学びの基礎力」となると考えられてきました[1]。これは、授業のなかでわからない言葉が登場したときに、見やすく、わかりやすく「視覚化」することや、「どういうことか身体を動かしてやってごらん」というように「動作化」させることで解決するものではありません。むしろ、子どもが精神的に満足のいくかかわりを社会全体で行い、それが学習意欲と結びつくように、社会（生活）の側を変化させていくことが求められます。

具体的には、幼児期から学童期にかけての子どもが、精神的に安定し、学びに向かう力を発揮することができるのは、幼少期から親が絵本を読み聞かせたり、おままごとなどを通した「ごっこ遊び」が充実している生活を送っていることが基盤となります（無藤、2013 など）。発達障害児に限定することなく、「子どもの育ちを支える」という視点から考える

のであれば、幼児期から学童期にかけて、放課後の遊びを充実させられる社会教育施設を増やしたりすることも重要であると考えます。

　こうした社会資源を開拓していくことが難しい地域においては、学校において朝の読書の時間に各自で本を読ませるだけでなく、担任の先生が週に1回か2回、子どもたちが興味をもちそうな絵本を読み聞かせるといった機会を設けることなどでも効果はあると考えます。もちろん、家庭で行うべき養育のすべてを学校で補うことはできませんが、学校での日常的な教育活動を少し工夫することで、子どもたちに不足している経験や体験をカバーすることができ、学習の態勢が形成できることも多くあります（新井、2018）。

　欧米では、以上のような社会的経験が家庭事情等によって奪われてしまっているケースを「社会的はく奪（social deprivation）」と呼んでいます。主に、移民の子どもや長期に入院している子どもの困難を想定している概念ですが、近年の社会的状況をみると、貧困家庭や被虐待児、あるいは子どもの困難ゆえに外出を控えられてしまった発達障害児等にも十分あてはまるものです。そして、こうした子どもたちには、本来、幼児期に家庭において豊かに経験・体験しておくべきことを社会が一定程度、用意しておく必要があると考えます。

3　障害児に対する「合理的配慮」と学校ソーシャルワーク

(1)　「合理的配慮」の提供とその課題

　一方で、発達障害に対する権利擁護という点から考えると、「障害」によって学習や生活に不利益が生じないように支援していくことも重要です。たとえば、文字の読み書きがとても苦手な子ども[2]に対して、正しく文字が書けるように指導することばかりでなく、小学校の高学年くらいからはタブレットやパソコンでのノートテイクを許可するなど、障害に対する配慮を提供することなどが考えられます。

　これは、障害があるがゆえに自らの努力では取り除くことができない困難に対して、一般的に合理的と考えられる範囲の特別な支援を提供するものです。平成25年に制定された障害者差別解消法では、こうした支援は「合理的配慮」であり、提供しなければならないと規定されています（以下参照）。

「障害を理由とする差別の解消の推進に関する法律」第5条
行政機関等及び事業者は、社会的障壁の除去の実施についての必要かつ合理的な配慮を
的確に行うため、自ら設置する施設の構造の改善及び設備の整備、関係職員に対する研
修その他の必要な環境の整備に努めなければならない。

　この法律は内閣府から出されたものであり、教育分野のみならず、社会全体に及ぶもの
です。たとえば、視覚障害者が新しい職場環境で仕事する場合には、用具の場所や使い方
などをオリエンテーションすることが求められます（内閣府障害者施策担当、2017,5）。また、
会員登録等において基本的に電話応対のサービスしか用意されていない場合においても、
聴覚障害の人が利用するときにはファクスなどでも受け付けられるようにすることなどが
例示されています（内閣府障害者施策担当、2017,12）。
　もちろん、教育分野においても「合理的配慮の提供」は必要です。たとえば、「漢字の
読み書きは小学校高学年レベルになると不確実で、文中の語句の読み飛ばしや作文での脱
字も多い」といった特徴を示す学習障害とADHDが併存している発達障害児に対して、「教
科指導の特性に応じてルビを振るなどしたアシスト副教材」を用意したり、「特別支援教
育支援員や数学科チューター」を一定時間配置するなどの合理的配慮を行った例が紹介さ
れています[(3)]。そして、文部科学省では、学校で提供する合理的な配慮の例を以下のように
しています。

●バリアフリー・ユニバーサルデザインの観点を踏まえた障害の状態に応じた適切な施
　設整備
●障害の状態に応じた身体活動スペースや遊具・運動器具等の確保
●障害の状態に応じた専門性を有する教員等の配置
●移動や日常生活の介助及び学習面を支援する人材の配置
●障害の状態を踏まえた指導の方法等について指導・助言する理学療法士、作業療法士、
　言語聴覚士及び心理学の専門家等の確保
●点字、手話、デジタル教材等のコミュニケーション手段を確保
●障害の状態に応じた教科における配慮（例えば、視覚障害の図工・美術、聴覚障害の
　音楽、肢体不自由の体育等）

（出典：文部科学省ホームページより：http://www.mext.go.jp/b_menu/shingi/chukyo/chukyo3/044/attach/1297377.htm：
最終閲覧日2017年11月25日）

　こうした「合理的配慮」は、障害者（およびその保護者）からの要望に基づき提供する

ものですが、必ずしもすべての要望に応えなければならないということではありません。厚生労働省から出されている「合理的配慮提供指針」によると、「費用負担」や「実現可能性（例：立地条件等から困難といった場合）」という点から合理的配慮の提供が「過重な負担」と考えられる場合には、合理的配慮の提供義務を負わないとされています[4]。この指針は雇用分野におけるものですが、教育分野においても同様の考え方で運用されています。

(2)「合理的配慮」を超えた特別支援の必要性

　以上のように、障害者に対する合理的配慮を提供することが求められる一方で、学校教育において特別な配慮を必要とする子どもは「障害」が確定できるケースばかりではありません。すなわち、学校にいる学習上の困難を示す子どもには、被虐待児や貧困家庭の子ども、あるいは外国にルーツをもつ子どもなど、多岐にわたっています。

　こうした特別な配慮を要する児童・生徒に対する教育に関して、平成29年3月に公示された学習指導要領では、総則のなかに「第4　児童の発達の支援」が新たに規定されましたが、そのなかで「特別な配慮を必要とする児童への指導」という項目があります。ここで注目すべきことは、「特別な配慮を必要とする児童」のなかに、「障害のある児童」ばかりでなく、海外帰国子女などが含められていることです。これまで、特別支援教育というと、特別支援学校や特別支援学級の対象児に加えて、LD・ADHD・自閉症児等の発達障害児が対象でしたが、新学習指導要領における「特別な配慮を必要とする児童」は、さらに広範囲の子どもが対象となります[5]。

　もちろん、障害児ではない子どもたちに障害者差別解消法にもとづく合理的配慮を提供する必要はありません。しかし、学校教育においては何らかの配慮や支援を提供することが求められています。たとえば、日本語が十分に理解できない外国にルーツをもつ子どもがクラスにいた場合、配布する資料にルビを付けるなどの対応は、どの学校においてもできることだと思います。

　そして、こうした対応は外部の専門家に支援を要請するものではなく、学校内で保護者等と検討し、実践していくことができることです。理想的には学級担任が中心となって考案し、実践できれば良いのですが、現状としては難しい学校も多いので、各校の特別支援教育コーディネーターや、学校カウンセラー、学校ソーシャルワーカーなども加わり、「チーム学校」としてアイデアを出し合い、特別な配慮が必要な子どもの学習ニーズに対応していくことが大切です。

⑶ 生徒指導および教科指導の課題と学校ソーシャルワーク

　小学校や中学校における「特別な配慮を必要とする子ども」への支援が障害者差別解消法にもとづく「合理的配慮」だけでは不十分な理由は、小学校や中学校の学習困難が障害にもとづく困難を配慮したり、支援したりして「困難を取り除けばよい」というものではないからです。具体的には、学習困難のある子どもは、「どうせ俺なんか」という言葉を口癖のように使いながら、「できない自分を責める」ことがよくあります。そして、自暴自棄になった子どもは、「自分もこんなにつらいのだから、人に迷惑をかけてもかまわない」と考えるようになり、万引きや暴行などを繰り返すケースもあります。

　これは、発達障害の二次障害として報告されることがある内容ですが、一方で被虐待児にも同様にみられることでもあります。場合によっては、外国人の子どもなども、学校での成功体験の少なさから、上述した心理的な特徴を示し、社会的に問題となる行為を繰り返す子どももいます。

　このように考えると、「特別な配慮を必要とする子ども」の教育課題は、障害特性に応じて合理的に配慮するという対応だけではすみません。子どもの情緒が安定するように、話を聞いてくれるカウンセラーや、家庭での嫌なことを思い出さずにすむくらいの面白い授業に参加するなど、心理・教育的なアプローチが必要だといえるでしょう。

　もちろん、家庭を訪問し、保護者の子どもに対する受け止め方やかかわり方を調整することができれば、なお良いでしょう。こうした支援が必要な家庭の多くは、経済的に困窮していることも多く、学校ソーシャルワーカーが福祉の支援を活用できるようにアドバイスしながら、子どもが学校に通えるように、家庭を援助することが必要となります。

　たとえば、学用品をそろえたり、給食費を払えるようになるにはどうすればよいかなど、生活費の補助を含めて物質的な側面で支援することが学齢期の子どもの家庭には必要です。加えて、衛生面（毎日、子どもの着ている服を洗い、着替えさせることや、衛生的に問題のない住居や食事を提供する等）や精神面（過度な叱責や会話のない生活とならないようにする等）に対する支援が提供できると、子どもが登校できる日にちは増えるのではないかと考えます（小野、2017）。当然のことながら、こうした支援は親を支援することでもありますので、学校ソーシャルワーカーの活躍が期待されるところです。

4 高等学校における特別支援教育の推進と進路指導の課題

⑴ 特別な配慮を必要とする生徒の高等学校への進学

　高等学校における特別支援教育の推進に関しては、2015（平成27）年度から調査研究協力者会議が開催され、高等学校段階での特別な支援を必要とする生徒の実態と制度的な対応について検討されてきました。そこでは、2014年3月に中学校の特別支援学級を卒業した生徒17,342人のうち5,320人（30.7％）が高等学校等に進学していることが示されています。一方で、特別支援学校中学部の卒業生を見てみると、卒業生9,648人中、高等学校に進学した生徒は252人（3.6％）にすぎません。[6]

　これは、もともと特別支援学校に通うことを希望していない生徒が、卒業後の進路を考えたときに、特別支援学級が設置されていない高等学校へ進学している生徒が存在するということを意味しています。実際のところ、「発達障害のある生徒の、高等学校進学者全体に対する割合は約2.2％」であるといった調査結果も示されており、高等学校において特別支援教育を展開することが不可欠な時代になっています。[6]

　こうしたなかで、近年では高等学校においても特別支援教育コーディネーターが配置されるようになり、コーディネーターを中心に発達障害や特別支援教育の実践方法等に関する研修が実施されるようになってきました。また、調査研究協力者会議が2016年3月に「高等学校における通級による指導の制度化」を提言し、それを受けて2018年度より本格的に実施されることになりました（高等学校における特別支援教育の推進に関する調査研究協力者会議、2016）。

　高等学校において通級による指導が制度化されれば、通級指導教室を設置した高等学校には特別支援教育を担当する教員が配置されることになります。すなわち、これまで発達障害等の特別な配慮が必要な生徒が通っている高等学校では、それぞれの実態に応じて可能な範囲で特別な対応を行っていましたが、「通級指導教室」という拠点をもつことができるようになり、特別支援を提供する幅は広がります。また、こうした拠点ができることで、生徒ばかりでなく、保護者や教員も特別支援教育に関して相談することができるようになり、今よりもきめ細かく対応できるようになることが期待できます。

　加えて、通級指導教室では「自立活動」という特別な授業を提供することができます。「自立活動」とは、「障害による学習上、生活上の困難を改善・克服すること」をねらいにした特別支援教育に特有の教育課程ですが、中学校まで特別支援学級に在籍していた生徒が

高等学校に進学しても、今後は、高等学校によっては「自立活動」に関する指導を継続して受けることが可能となります。

⑵ 学習困難のある生徒の人格形成とソーシャルワークの役割

　ただし、通級指導教室が設置されれば、これまで高等学校で抱えていた学習困難のある生徒の教育課題がすべて解決できるわけではありません。特に、高等学校段階では単位制になるので、定期試験で点数が低いと卒業できなくなるといった困難にどう対応するかを検討する必要があるでしょう。

　また、貧困家庭の子どもが学習困難児となる傾向にあるという点は、本章で述べてきたとおりですが、高等学校段階になると入試があることから、こうした生徒がある一定の学校に集まる傾向があります。こうした学校では、学費を稼ぐだけでなく、生活費を稼ぐことも家族から期待されてしまう生徒も多く、学業に専念できる環境にない生徒が高等学校を欠席しがちになってくるといったこともよく見受けられます。

　また、高等学校の学習困難児は、単に学習面での困難のみならず、自己肯定感が低く、自信がないなど、心理・社会的な支援を必要としている生徒が多くなります。高等学校でこうした生徒が社会との「つながり」を実感できる授業を展開できているのかどうかについても、実践的な課題となっています。

　こうした学習面、心理面、社会面において多面的な困難を抱える高校生は、アルバイト先で不当な扱いを受けても、それを訴える言語力や判断力が乏しいために、「泣き寝入り」をしてしまうこともあるという報告をときどき耳にします。こうしたケースでは、学校という場で認められてこなかった生徒が、アルバイトというリアルな社会の場においても自分を丁寧に取り扱ってくれる大人と出会えなかったということが二重のダメージとなり、その後の社会生活に大きく影響を及ぼす可能性もあります。

　これは、学習困難のある高校生を支援しようとすれば、学習面のみならず、「人格形成」を支える取り組みが必要であるということを意味しています。そのためには、高等学校卒業後を視野に入れた進路指導も重要です。これまで高等学校では、本人や保護者から進学先を聞き、相談にのるという形で行われている進路指導が多かったと思いますが、学習困難のある生徒が多く通う高等学校では、こうした生徒に早くから職場体験をさせたり、収入の範囲内で生活できるように金銭管理の方法を学ばせたりすることも必要になってくるでしょう。こうした実践は、高等学校の「通級による指導」として実践していくことも必要ですが、原則的には「学習困難のある生徒が通うすべての高等学校」で実践していくことが求められます。

32　第1部　子ども理解とスクールソーシャルワーク実践

以上のように、今後の高等学校では、社会との接点をもつ授業や進路指導を展開しながら、自己イメージや社会との「つながり方」を再構築していく実践が求められます。

5 「困った子は困っている子」論を超える

本章では、学習上の困難を示す子どもの背景には、発達障害をはじめとして、貧困や虐待などの家庭の要因もあり、そうした子どもたちに対する支援は単に困難を取り除くといった特別支援教育のアプローチだけでは不十分であることを指摘してきました。そして、幼児期から高等学校段階までを全体的に取り上げながら、学習困難のある子どもに対する実践には、「社会とのつながり」を実感できるようにアプローチすることが必要であるという点を述べてきました。

これは、「困った子ども」と見るのではなく、「困っている子ども」と見て、その子どもに応じた支援方法を考えましょうといった従来の特別支援教育論を超える実践展開が必要であるということを示唆するものです。すなわち、「困った子は困っている子」論には、個人を支援するといった考え方が根底にありますが、本章で指摘したアプローチはもっと「社会」の側が変化していかなければならないという点が強調されています。

学校という場所は、そもそも社会的空間であると考えれば、上記のような結論は至極、当然のこととも言えます。しかし、昨今の特別支援教育の推進では、こうした視野からの学校改革は必ずしも主流であるとは言えません。筆者はこうした現状を打開するためには、個人主義的なアプローチを抜け出し、社会的なアプローチを提供していくことが必要であると考えています。学校ソーシャルワークは、特別支援教育のこうした特徴を意識しつつ、学校のさまざまな発達段階の学習困難児に対して、社会との「つながり」を形成していくアプローチを生成するために中心的な役割を果たしていくことが求められていると考えます。

【注】
(1)「幼児期の教育と小学校教育の円滑な接続の在り方に関する調査研究協力者会議（2010）「幼児期の教育と小学校教育の円滑な接続の在り方について」平成22年11月11日、16頁を参照。
(2)こうした子どもを読み書き障害（ディスレクシア）と呼びます。学習障害（LD）の一つであり、読み書き障害や計算障害など、学習上の困難と直結する発達障害として学校教育では特別な支援を提供することが求められています。
(3)国立特別支援教育総合研究所『合理的配慮』実践事例データベース（通称「インクルDB」）」より。
（http://inclusive.nise.go.jp/：最終閲覧日2017年11月25日）
(4)厚生労働省から出されている「合理的配慮提供指針」より。

(http://www.mhlw.go.jp/file/04-Houdouhappyou-11704000-Shokugyouanteikyokukoureishougaikoyo utaisakubu-shougaishakoyoutaisakuka/0000078976.pdf)

(5)平成31年度より、教職課程において「特別な配慮を要する児童生徒の教育」に関する単位が必修化されました。これによって、教員免許状を取得するすべての学生に対して「発達障害児」や「貧困家庭の子ども」「外国にルーツをもつ子ども」の教育について学ぶことになっています。

(6)高等学校における特別支援教育の推進に関する調査研究協力者会議（第1回）配付資料（2015）「高等学校における特別支援教育の現状と課題について」2016年3月31日、9および10頁。

【参考引用文献】

新井英靖（2018）『特別ニーズのある子どもの授業づくりと学校福祉論の視座──「合理的配慮」と「補償」的アプローチを超えて──』ミネルヴァ書房、130-146。

小野學（2017）「経済的に困難な家庭状況下で不登校に陥った小学生への支援と課題」日本特別ニーズ教育学会編『SNEジャーナル』第23巻、23-39。

海津亜希子（2012）「発達障害の子どもの教科指導の実際」柘植雅義ほか編『教科教育と特別支援教育のコラボレーション　授業研究会の新たな挑戦』金子書房。

窪島務（2014）「特別ニーズ教育の今日的課題と『インクルーシブ』教育論の方法論的検討」日本特別ニーズ教育学会編『SNEジャーナル』第20巻、75-88。

高等学校における特別支援教育の推進に関する調査研究協力者会議（2016）「高等学校における通級による指導の制度化及び充実方策について」平成28年3月。

全国情緒障害教育研究会（2003）『通常の学級におけるAD/HDの指導』（第2版）日本文化科学社。

内閣府障害者施策担当（2017）「障害者差別解消法【合理的配慮の提供等事例集】」平成29年11月。

無藤隆（2013）『幼児教育のデザイン　保育の生態学』東京大学出版会。

③ 多文化社会としての学校と スクールソーシャルワーク

1 子どもが学校から遠ざかるということ

⑴ 「登校しない・登校できない」の意味

　今、社会全体を見渡してみると、インターネットなどが発展し、かつてのように人と顔を合わせてコミュニケーションをとらなくても日常生活に困らなくなっています。反面、地域の人びとの「つながり」が弱くなり、孤独であったり孤立したりする人が増えているとも言われています。学校現場においても、子どもの抱える多様な問題の共通項は「関係性」すなわち「つながり」の有り様にあると実感します。

　スクールソーシャルワーカーが関与する問題には、不登校も含めた長期欠席にかかわるものがたいへん多いのですが、これは教職員がさまざまな工夫をしながら登校の継続、または再開のために懸命に努力しているにもかかわらず、登校しない・登校できない子どもが多くいるという現実を示しています。まさに子どもと学校との「つながり」の問題です。

　子どもが安心して登校し、教育の機会が保障されるためには、少なくとも子ども、家庭、学校の「つながり」が良好であることが重要です。しかし、学校教育に対する保護者の考え方と教師の考え方が異なっていたり、保護者の言い分と教師の言い分に食い違いがある場合もあり、家庭と学校との「つながり」に生じた問題、つまり大人同士の問題が子どもの登校に影響を与えていることも少なくありません。また、社会生活のなかで疲弊した保護者が心身の健康を崩し、そのために生じる不安感から子どもを手放したくない場合や、保護者を心配する子どもが家から離れたくないという場合も長期の欠席になることがあります。「貧困」が子どもを学校から遠ざけることもありますが、ことさら重大な影響を与える家庭の状況は、児童虐待という不適切な子どもへの「つながり」の有り様です。家庭がネグレクト状態の場合、保護者からも登校への促しや後押しといった協力が得られない

35

ため、子どもが登校しにくい場合が少なくありません。登校したとしても、虐待を受けた子どもは学校生活のなかでも人間関係をうまく築けず孤立したり、周囲との良好な「つながり」を維持することが困難な場合もあり、そのために登校しない・登校できない状況に至ることもあります。

　不適切な養育をしてしまう家庭の多くは、保護者を支えてくれる「つながり」をもっていなかったり、もとうとしなかったりすると言われており、登校しない・登校できないという子どもと学校との「つながり」の問題が、大人の抱える日常生活での「つながり」の課題の深刻さを代弁している場合もあると考えることもできます。このように考えると、登校しない・登校できない子どもへの支援は、子ども本人だけ、または学校だけでの対応では不十分な場合もあることは明らかであり、だからこそ、スクールソーシャルワーカーの活用によって関係機関との連携・協働の促進が期待されているのです。

　では、学校が関係機関と連携して家庭への支援を行えば、子どもたちは笑顔で学校にもどってくるのでしょうか。実は、関係機関との連携・協働で家庭の状況に改善が見え、登校しやすい状況になってきたときこそ、学校の真価が問われます。それは、「わかる授業」はもちろんのこと、人間関係等においても学校が子どもにとって魅力的で「つながっていたい場所」であるのか、ということです。

　そこで、「学校」が、子どもにとって、どのような場所または環境であるのか、あらためて考えてみたいと思います。

(2) 学校という場・環境──発達保障の場

　学校現場では、ほとんどの教師は欠席が30日以上か未満かという数字を気にしているのではなく「ある子どもが学校に来ないこと」を心配しています。なかでも小・中学校の多くの教師が口にする内容は、以下のような事柄です。
　①身体の成長や心身の健康に支障が生じる可能性がある
　②学習が保障されず学力が身につかない
　③学校生活でのさまざまな経験をすることができない
　④他の子どもや教職員等との関わりのなかで人間性や社会性が育つ機会から遠ざかる
　⑤そしてそれらによって自信を失ったり自らの可能性を伸ばせなかったりする
　⑥進路選択に不利益が生じやすい
　これらから、登校しない・登校できない状況についての教師の気がかりは、身体の成長や学力はもちろんのこと、人間性や社会性など、子どもが一人の人間として自分らしく社会のなかで生きていくための包括的な成長、すなわち発達に支障が生じるかもしれないと

いうことにあると言えるでしょう。「不登校は、将来の自立または進路の問題である」と言われますが、それは、学校が子どもの未来を志向し発達を保障する場として期待されているからだと思います。

「人は生きている限り発達し続ける」と言われることがあります。また「ヒトは、人とのかかわりのなかで人になる」と言われることがあります。そのように考えると「発達」は「人とのかかわりによって学習し、自分らしくよりよく生きるために変化していくこと」を指しており、人格や考え方、生き方が磨かれていくことを重視するものだと思います。学習や経験のプロセスには他者とのかかわりがありますが、そのなかで自分と異なる人がいることを実感し、だからこそ自分の個別性を理解し、自分らしい生き方を見つけていけるのかもしれません。

そのような人とのかかわりによる学習の重要性をふまえて学校を捉えてみると、学校は老若男女で構成される小さな社会であり、常に相互作用が生じている環境です。まさに子どもの発達に適した場・環境になり得るといえるでしょう。

しかし、学校がその利点を活かした発達保障の場であるためには、押さえておきたい観点や留意点があります。

(3) 発達保障の場としての学校の留意点

ア) ストレスの発生しやすい場

学校生活は常に人間関係のなかにあります。だからこそ、さまざまな刺激を受けながら成長できる場として期待されるのですが、他者との関係や日々高度になる学習、多様な活動への取り組みの連続には緊張感がつきものです。その緊張感が、好奇心や集中力、創意工夫の原動力となり、一人ではなく教職員や子ども同士の「つながり」のなかで目の前の課題を乗り越えることで、子どもは自己有用感を得られたり人間的に成長したりします。「学校が楽しい」と言う子どもたちは、このような緊張感が成長の糧になっているのかもしれません。しかし、自己有用感をもてないまま緊張感を持続し続けると、それはストレスとなって心身に良くない影響を与える可能性があります。特に、9歳、10歳の壁と言われる小学校中学年以降は、自分と他者との違いを認識し、周囲との関係性を強く意識しはじめるため、劣等感をもちやすく、なかには人間関係での緊張感に強い疲れを感じはじめる子どももいます。また、虐待による影響や子ども自身の発達上の特性による学習のつまずき、対人関係での困難等はストレスの悪循環を生み出しやすく、それが継続していけば、学校は子どもにとって「つながっていたい場」ではなくなっていくでしょう。

イ）「安心」と「安全」が求められる場

　学校という小さな社会は、子どもにとっては社会生活の練習ができる場でもあります。そのためには、学習や人間関係、担った役割のなかで、たとえ失敗してもやり直しができることが保障される場でなくてはなりません。「失敗からのやり直し」のためには、「安心」と「安全」という要素が必要不可欠です。物理的な構造や災害対応への安全管理はもちろんですが、子どもにとっては、「うまくできない自分」「失敗した自分」を教師と周囲の子どもが受け入れ、やり直しを認め励ましてくれる環境があるか否かが、安心感の有無を左右します。そう考えると、登校しない・登校できないある子どもには、学校は「安心で安全な場」であるとは認識されていないのかもしれません。

　なお、失敗の有無に関係なく、重大事態である「いじめ」による不登校の場合、被害の子どもにとって学校は、最も危険で不安な場所であり、退避すべき場所です。現在、学校は事後対応では子どもを守ることができないという反省に立って、子どもの言動のなかにある小さなサインに教師が早期に気づくことを重要とし、いじめアンケート調査や教育相談の機会を多くもつなどの試みを進めていますが、学校がすべての子どもにとって安心・安全な場所であるためには、「いじめ」の発見にとどまらず、個々の子どもにとっての「安心・安全」への意識と、小さなサインへの「気づき」の力が問われています。

ウ）子どものSOSに気づくべき場

　公立の小・中学校は、地域で生活する子どもたちのほとんどを把握できる日常の場として、また、子どもの保護者や地域住民とかかわることができる生活の場として、虐待や貧困等の課題を抱える子どもや家庭への支援のための「プラットフォーム（基盤）」の役割を求められています。そのためにはまず教職員が子どものSOSに「気づく」ことが必要です。

　「今まで順調に登校していたのに、ある日突然登校しなくなった」というスクールソーシャルワーカーへの相談は少なくありません。しかし、順調に登校していた子どもに生じた「登校しない・登校できない」という状況が、子どもの抱える困難の初期の段階とは考えにくく、特別の事情がない限り「小さなSOSのサインがあったのに、周囲が気づかなかった」「子どもは何らかの困難を抱えていたが、状況の悪化、またはがまんの限界に達して学校から遠ざかった」と考えるのが現実的でしょう。「もっと早く気づいてやれればよかった」と肩をおとす教師は少なくありませんが、意識していたとしても、すべてのサインに気づくことは難しいのも事実です。また、がんばり過ぎていた子どもが息切れしたときなど、少し休養するほうが良い場合もあります。いずれにせよ、登校しない・登校できない状況は、子どもの何らかのサインであると認識し、その意味を理解しようとすることが大切です。

一方、何らかの困難を抱える子どもが、すべて「登校しない・登校できない」というSOSの出し方をするわけではありません。SOSの出し方は多様です。登校していても、困り感や生きづらさを抱えている子どもも少なくありません。学校生活のなかで暴れたり暴言を吐いたりすることで精一杯生きづらさを表現する子どももいれば、一人の子どもを孤立させたり相手の心身を容赦なく傷つけることで自分の抱える困難によるストレスを発散しているかのように見える子どももいます（いわゆる「いじめ」の加害側の子どもにもそのような状況を認めることがあります）。一方で、深刻な悩みを抱えていても、表に出さない・出せない子どももいます。このような子どもたちは「SOSに気づいてもらいにくい」というさらなる困難を抱えています。

子どもの抱える多様な困難に早期に気づくことは簡単ではありませんが、それなくして早期の対応は実現しないのです。そう考えれば、学校は「子どもの抱える困難に早期に気づく場」としての役割意識を強く求められていると言っても過言ではありません。

(4) 学校の有り様の見直し

このように学校は、常に他者とのかかわりがあるという長所を活かした発達保障の場として価値があり、子どもの抱える困難に気づく場としても期待されています。反面、他者とのかかわりによる困難も生じやすい場でもあります。それらをふまえて、学校から子どもが遠ざかることの意味について考えるとき、子どもの立場になって、すべての子どもへまなざしを向けて、まず学校の有り様から見直してみるべきではないでしょうか。

2 すべての多様な子どもへのまなざし

(1) 個人のニーズへのまなざし

登校理由や学校のもつ意味は子どもによって異なります。多くの子どもは「行かなくてはならない所」として登校し、それなりに楽しく過ごす場所として認識しているでしょう。なかには「集団行動は嫌いだけれど、勉強は好き」「勉強は嫌いだけれど、仲間がいる」という子どももいますし、「家にいるより学校がマシ」と言って、遅刻しながらもほぼ毎日登校し、学校を自分の居場所にする非行傾向の子どももいます。「居場所」にしても、必ずしも「友だちといる」という一般的な価値のなかに見出しているとは限りません。「休み時間くらい一人でいたい」という子どももいます。実際「一人でいる子どもは淋しい子

ども」という画一的なイメージが、学校からある子どもの居場所を奪うような動きに結び
つくことがあります。子どものニーズは実にさまざまなのです。

　しかし、学校は個人のニーズよりも集団として整った姿を優先しがちです。集団生活に
は一定のルールが必要であることは言うまでもありませんが、「安全で落ち着いた学校」
を目指して学校規律の遵守を徹底したら、不登校が一気に増えたという学校も珍しくあり
ません。それは、一部の子どもたちが学校に居場所を見出せなくなった証しです。

　本来、互いに学び合える学校環境は、画一性によって個別性を無視したり排除したりし
て完成させるものではなく、個々の子どものニーズに向き合い、子どもの力を信じ、子ど
も同士が主体的につながっていけるような関係性をつくりだせるような働きかけ（指導・
支援）によって、子どもたち自身によって構築されるべきものではないでしょうか。

(2) 「わかりにくい」背景をもつ子どもへのまなざし

　学校には、外国にルーツのある子どもやLGBTの子ども、ひんぱんに転居を繰り返して
きた子ども、障がいや病気のために登校できない子ども、病気のために入退院を繰り返さ
ざるを得ない子ども、その他、多様な事情を抱えた子どもたちがいます。しかし、学校は
集団生活のため、多数派を基準に教育活動をすすめる傾向があり、特に教師から見て「よ
くわからない」少数派へ意識を向ける場面が少ないように感じることがあります。

　自らが経験したり、見聞きしたりしたことがない背景をもった人を前にしたとき、誰し
も「わからない」という感覚をもつのは自然でしょう。しかし、だからこそわかろうとす
る姿勢が大切だと思います。相手をわかろうとする姿勢は、相手の視点や価値観、立場に
立って、相手の状況を理解しようとする心の動きです。そのとき、自分のもつ価値観と向
き合うことも少なくありません。

　ある中学校では、制服のスカート着用を強く拒否して「登校したくない」と訴える子ど
もの気持ちを尊重し、また同様の思いを持っているかもしれない子どもの生きづらさを考
慮して、すべての女子生徒にスカートとズボンのどちらの着用も可としました。校長は「そ
のとき男子生徒のスカート姿を受け入れられない自分がいることに気づいた」と語り、性
についての固定観念や知識不足をふまえ、LGBTについての校内研修会を設け、教職員自
身の学びと理解を深める機会を作りたいと言いました。「わからない背景」をもつ子ども
や少数の立場を理解しようとする姿勢が、実は「知らないことが多い」という現実に気づ
かせ、「知らなくてはならない」という心の動きにつながったのです。また、自分とは異
なる価値観や文化を受け入れ、認めることができるのかという自問自答は、自身の価値観
を認識しつつ、人は多様であることを実感させてくれたのではないかと思います。

人が多様であれば、生きづらさもまたその要因も多様です。一人が複数の困難を同時に抱えていることもあります。それぞれの事情・困難がどのようなものであるかを理解しようとすると、それが、学校の規則や学習の進め方など多数派中心の集団生活のなかで、より複雑で多様な困難を生じさせやすいことに気づくはずです。人の多様性への視点は、すべての子どもへの「まなざし」をもって、「子どもにとっての学校生活」を改めて考えてみる機会をもたらせてくれるかもしれません。

(3) 注目されにくい子どもへのまなざし

「子どもにとっての学校生活」に目を向けると、学校には注目されにくい子どもが数多くいることに気づきます。いわゆる「普通の子」と表現される子どもたちです。そのように認識されている子どもについて職員室で話題になることはほとんどありません。しかし、まちがいなく「学校に在籍する子ども」です。そして、そのような子どもも、一人の生活者として悩みや困難を抱えています。

筆者のスクールソーシャルワークに関する講義を受けた大学生の一人が、次のようなことをレポートの欄外に書いてきました。

「私は、小・中・高と先生たちの言うことを守り問題も起こさず学校生活を送ってきた。でも、先生たちは問題を起こす人たちばかりと話し込んでいた。本当は先生に聞いてほしいことがあったが、私は話しかけてもらったことはない」

長きにわたる淋しさの吐露です。そして、この言葉は、多くの「普通の子」の声かもしれません。

一方で、「担任にとって向き合うべき子どもは複数ですが、子どもにとって担任は一人です。子どもたちはみなそれぞれ個性がありますが、学級のなかには教師のかかわりが特別に必要な子どもがいます。だからこそ、学級のすべての子どもに毎日必ずひと言でも声をかけるようにしています」と話してくれた小学校の担任がいました。彼は、学級の子ども一人ひとりにまなざしを向け、誰もが安心できる学級環境作りを心がけており、そのなかで子どもたちは自然で温かい「つながり」を作っていました。子どもたち一人ひとりが「自分も大事にされている」という安心感をもっていたのだと思います。

すべての子どもはみな多様です。すべての子どもを大切にすることは、すべての子どもに「まなざし」と意識を向けることではないでしょうか。

3 子どもたちの発達要求への「気づき」

(1) 気づくことは、見えない何かを見ようとすること

　私たちは、気にとめない事柄については深く考えようとは思いません。しかし「こういうものだ」と思い込んでいたりする事柄に、何か違う意味があると認識したとき、すなわち気づいたとき、その事柄の意味するものや背景にある「見えないもの」を見出そうとします。この主体的な動きが、子どもを支える「つながり」の構築につながります。すでに述べたように、学校は「子どもの抱える困難に早期に気づく場」としての役割を求められています。では、学校はどのように子どものSOSに気づいていけばよいのでしょうか。「気づく」ためには、どのような準備が必要なのでしょうか。

ア) 主語を子どもにしてみる──主体は子ども

　「子どもに〜させる」という表現を、学校ではよく聞きます。その場合、主体は大人で、大人の都合で子どもを動かす発想になります。しかし、子どもの可能性を引き出す営みである教育やソーシャルワークでは、子どもが主体でなくてはなりません。「子どもが学ぶ」「子どもが参加する」「子どもが楽しむ」「子どもが困る」というように、主語を子どもにおいて思考すると、子どもを主体に、子どもの立場で、子どもの言動や子どもの置かれた状況を考えるようになります。すると「問題を起こすわけではないのですが、なんとなく様子が気になります」というように、意識していなかった子どもの様子も気になってきます。また、子どもたちのさりげない言葉に耳を傾け、子ども同士の「つながり」の有り様を理解しようとすると、子どもたちは、教師のそのような姿勢に応えて、さまざまなことを話してくれるかもしれません。

　小学校5年のある学級の話です。休み時間にBくんから嫌なことを言われるAくんを心配した子どもたち数人が、休み時間になるとAくんに話しかけに行くようになりました。それはBくんを排除するのではなく、Aくんを一人にしないようにしよう、という子どもたちのアイデアです。子どもたちは、実はBくんも淋しいのだということを知っていたのです。これは、Aくんについての担任とのやりとりのなかで、子どもたち自身が主体的に動いた一例です。このように、子どものことは、子どもが一番よく知っている場合が多く、子どもたち自身が問題解決の主体者になっていくことは少なくありません。

イ) 理論と知識をもつ

　スクールソーシャルワーカーの職務のなかには、教職員への研修があります。それは、

よりよい教育活動のためにはソーシャルワークの知識や技術が必要であることを示唆していると考えられます。たとえば、スクールソーシャルワーカーがかかわる事例の背景に児童虐待や発達上の特性があることは少なくありませんが、そもそもそれらに該当する子どもが、なぜ、どのようなサインを出すのかという理論や知識がなければ気づけないこともあります。実際、児童虐待の研修後に「私のクラスのある子どもが心配になってきました」「ADHDだと思っていた子どもですが、虐待されているかもしれません」などといった教師からの相談が増加することを経験することは珍しくありません。筆者は、この現象を「学校にアンテナがたくさん立つ」と表現することがあります。

ウ)「気づき」を可視化するツールを活用する

　最近、スクリーニング会議等で、問題を抱えているかもしれない子どもを早期にピックアップする必要が提唱されています。たとえば、年度毎の欠席数や忘れ物の頻度等の項目を複数設定したスクリーニングシート（医療現場等ではすでに活用されている）を用意し、在籍するすべての子どもについて該当する項目にチェックを入れていく試みがあります。実際に試用してみた学校やスクールソーシャルワーカーからは、一定の効果の報告がありますが、同時に「一つの項目のチェックでもリスクのある子どもがいるので、チェックの数で判断するのは危険」「チェックリストでは把握できない子どもの抱える困難を見逃す」といった問題点も指摘されており、今後も改良を重ねていく必要があります。

　このような可視化のためのツールは、関係者間で「気づき」を共有するために役立ちます。しかし、活用には注意が必要です。スクリーニングシート等は、あくまでも「気づき」のためのサポートツールであり、子どもの困りを完全にキャッチできると考えてはなりません。また、子どもを分類するものではありません。これまでの捉え方や視点を変えてみるところに意味があり、そこから「気づき」はスタートするのです。

(2)　「気づき」から始まる発達保障

　本来、人間には「学ぶ力」があり「学びたい」という欲求があり、それは人間のもつ発達への根源的な要求だと思います。したがって教育保障や学習保障はすべての子どもの発達要求に応えるものでなくてはなりません。そう考えれば、子どものSOSは無意識のなかにある発達要求であるとも言えますから、子どもの多様なSOSに気づいた学校現場は、子どもの未来を志向しながら発達要求に応える必要があります。そのためには、個々の子どもの学びを妨げている要素がどういうもので、それをどのように理解するかが、子どもの発達保障のための重要な鍵となるはずです。

4 アート&サイエンスの必要性

(1) 科学的なものと人間的なもの

　確かな子ども理解は、授業をはじめとするすべての教育活動の根幹です。しかし、多くの場合、教師の子ども理解は、学校生活における子どもの姿を根拠にしています。また、子ども理解が個々の教師の勘や経験によるものである場合もあります。長年培った勘や経験が教育活動に有効に働くことは少なくありませんが、それによる「思い込み」が「気づき」の眼の視野を狭くしたり、見えにくくさせたりしていることもあります。教師の思い込みが子どもを追い詰めることもあるかもしれません。加えて、教師間で共通理解もなく、個々の教師が考える子どもへの対応の方向性がバラバラであれば、その真ん中で子どもは立ちすくみます。

　当然ながら、子どもは学校だけで生活しているわけでなく、個別の存在として過去から現在までの立体的な時間軸のなかで生きてきた生活者です。現在の学校生活での子どもの姿という一部の側面だけへの観点では、確かな子ども理解を行うことは不可能だと言ってよいでしょう。子どもはみな多様で個別の存在です。ある子どもが「どのように生活してきたのか」への視点は、「どのように発達してきたか」そして「これからどのように発達していけるのか」への理解につながります。子どもの小さなサインに気づき、そのサインの意味を過去から未来に向けて立体的に理解しようとすることは、子どもの発達要求に応えようとする営みではないでしょうか。

　ソーシャルワークではその営みをアセスメントと言い、それをふまえて計画的にかつ具体的に対応策を検討するプロセスをプランニングと言います。筆者は、教育や福祉等、人にかかわる職種には「伝達や共有ができない個別性によるもの」すなわちアートの要素と、「伝達や共有ができる科学的・理論的なもの」すなわちサイエンスの要素が必要であると考えています (佐々木、2015)。

　アセスメントでは、記録やデータからの情報収集と、同僚や子ども本人、保護者、周囲の子どもたちとの人間的なつながりのなかでの情報収集があります。包括的な理解のためには、複数の事実を分析し理解するという科学的な側面と、それらの意味するものを当事者の立場にたって総合的に理解していくための「見えないものをイメージする力」や共感性、センス等を必要とします。そして、アセスメントをふまえたプランニングにおいても、対応策を説明する論理性と計画性、個別性や多様性に応じる創造性が求められます。人間

44　第1部　子ども理解とスクールソーシャルワーク実践

的なかかわりによって子どもの発達が促されることをふまえると、手立ての実践においてこそ、教師自身の子どもへの愛情、教育への情熱、信頼関係を作るコミュニケーション力、子どもの好奇心に応えうる幅広い教養など子どもや保護者とつながっていく総合的な人間力が活かされます。

　これらから言えることは、「子どものSOSに気づく⇒子どもを包括的に理解する⇒適切な支援策を検討する⇒支援策を実践する」というプロセスすべてに、アートとサイエンスの要素が必要だということです。相手の主体性が活かされ、一歩前へ踏み出す場面は、アートとサイエンスの要素がうまく調和し、それぞれの要素が活かされて正の相互作用が生じたときに出現するのではないでしょうか。参考までに、筆者の考えるアートとサイエンスを分類すると、以下のようになります。

アート　（可視化しにくい）	サイエンス　（可視化しやすい）
情熱　hot	冷静　cool
主観	客観
感覚（センス）・才能	理論（体系的な知識）
経験論	理性論（論理的思考）
記憶	記録
個人の力量による支援	学校システムによる支援
勘による子ども理解	アセスメントによる子ども理解

＊「アート」の項目は共有しにくいが、「サイエンス」の項目は共有可能である。

(2) 支援のデザインを描く

　未来志向の支援策は、時間軸を視野に入れた立体的なものでなくてはなりません。子どもはもちろんのこと、家庭や学校、地域などの当事者全員の主体性が十分に活かされるような「つながり」が構築されるためには、アート＆サイエンスの要素を取り入れた個別の支援デザインが必要です。支援のデザインは、ニーズと、一つひとつの工程・行程を明確にしながら、当事者をはじめとする関係者全員で全体像を共有できる設計図のような性格をもっており、子どもならではの力や発想、アイデアが活かされることを理想とします。

　「支援のデザイン」を描くなかでは、子どもの力を引き出すための環境調整を意図して、「子どもとのつながり」をはじめ、家庭とのつながり、校内連携・協働、あるいは機関連携や校種間連携、地域とのつながりが必要となるでしょう。それに応えようとすれば、校内は自ずと「チーム学校」として縦横につながり、学校は必要な機関等との連携・協働はもちろん、社会資源の創出へ着手することになるかもしれません。まさに「学校プラット

フォーム」です。そして、教職員が、ある子どもへの支援で経験した「チーム学校」とプラットフォームとしての学校の役割の必要性の実感は、学校システムに反映されていく可能性があります。スクールソーシャルワーカーの活用・活動の効果は、このようなプロセスにあると言ってよいのではないでしょうか。

5 スクールソーシャルワーカーに求められる自己覚知

(1) 自分を理解する

ア) 自身の「アート＆サイエンス」の認識

　これまで述べてきたように、学校はすべての多様な子どもの発達保障の場です。そして、そのような学校の役割を実現することは、スクールソーシャルワーカーの活動の目的でもあります。人や組織のもつ力をアート＆サイエンスに整理し、一人の子どもの人生に思いを馳せながら、子どもと子どもにかかわる周囲の力を引き出していくことは、スクールソーシャルワーカー自身に「アート＆サイエンス」の要素が求められるということです。そのためには、自分自身の「アート＆サイエンス」の傾向を認識しておきたいものです。

イ) 「自分」を知ること

　支援に際して自己覚知が必要だと言われるのは、他者を理解するためには、自らの価値観や考え方、感情、コンディションを理解しなくては、相手を自分の主観や先入観で捉えるリスクがあるからです。自己覚知はスーパービジョンのなかで深められることが多いと言われますが、自己覚知では、ソーシャルワーカー自身が生きてきた多様な人生をふりかえり、生活者としての自分を認識する場面を経ることになります。そのため専門職としての向上を意図するスーパービジョンでは、意図的に自己覚知を促す場面はありません。しかし、アセスメントやアプローチ等を巡るスーパーバイザーとのやりとりのなかで、スーパーバイジー自身に多くの気づきがあり、それが自己覚知につながっていく場合が多いようです。「今は、自分を理解し、自分のやるべきことが見えてきましたが、それまでの人生で避けてきた『自分と向き合うこと』になる自己覚知は苦しかった」と、そのときの心情をふりかえって語るスクールソーシャルワーカーがいました。

ウ) 専門職としてのメタ認知

　一方で、ソーシャルワーカー自身は社会資源の一つであり、あるシステムへ意図的に影響を与える一要素であるため、それを冷静に客観的に理解すること、すなわち自身のメタ認知は必要不可欠であると思います。したがって専門職として、社会資源としての自身の

メタ認知については、スーパービジョンのなかで期待するところです。

　たとえば、スーパービジョンでは、支援がうまく進まないことを、誰かの責任にして不満を述べるスクールソーシャルワーカーに会うことがあります。しかし、スーパーバイザーとのやりとりのなかで、スクールソーシャルワーカーが誰かに働きかけるとき、そこに相互作用が発生することを再確認できると、多くのスクールソーシャルワーカーは自分を客観視し、自分のアセスメントが浅かったり偏っていたり、あるいは働きかけに工夫が必要であったこと等に気づきます。そして、相手に変化を求める前に、まず自分の理解や工夫を改めることで新たに生じる相互作用を見通すようになります。このように、自己覚知を深め、自身のメタ認知を心がけているスクールソーシャルワーカーほど、専門職として着実に力をつけていくように思います。

(2) スクールソーシャルワーカーに求められる姿勢

　ここからは、筆者がスクールソーシャルワーカーのスーパーバイザーとして行ったスーパービジョンのなかで気づいたことの要点を述べます。

　職業の選び方はさまざまです。もしも「脚光を浴びたい」「周囲から賞賛されたい、感謝されたい」という気持ちでスクールソーシャルワーカーという仕事を選んだ場合は、「いったい誰のための支援なのか」と、ときおり立ち止まって考えるべきかもしれません。「子どものため」という大義名分の後ろに、「自分の自己有用感を高めたい」「優越感に浸りたい」という心理が働いていないでしょうか。自身の活動を語るとき、「〜してあげる」「〜させる」といったことばをよく使うスクールソーシャルワーカーは要注意です。

　私たちはみな完璧な人間ではありません。それなのに子どもの一度しかない人生にかかわらせてもらう立場です。出会う人びと（教職員、子ども、保護者、関係機関、地域住民等すべて）の力を信じ、彼らから学び、感謝する姿勢は、私たちスクールソーシャルワーカーの基本です。

ア) スクールソーシャルワーカーの支援の本質

　スクールソーシャルワーカーが専門性を発揮してさまざまな働きかけをすればするほど、当事者の主体性が活かされ、スクールソーシャルワーカーのさりげない支援が目立たなくなることがあります。しかし、その支援は時間軸のなかで次々に正の相互作用を生じさせ、当事者自身の成長や、学校および地域社会の発展そのものになっていきます。一方、スクールソーシャルワーカーが前面に出る支援は、誰から見てもわかりやすいのですが、当事者の主体性を活かすことが忘れられている場合もあり、その場限りになってしまうことも少なくありません。

3　多文化社会としての学校とスクールソーシャルワーク　**47**

スクールソーシャルワーカーの仕事は、時間軸のなかで、子どもと家庭、学校、地域にどのような「つながり」が、どのように形成され、それが持続し発展し続けているのかの観点でその価値が見えてくるものだと思います。

イ) 俯瞰の視点 (鳥の目)

スクールソーシャルワークでは常に同時にもつべき視点があります。それは、「鳥の目」といわれる全体像を俯瞰する視点と、「虫の目」といわれるさまざまな角度から注意深く観察する細やかな視点です。そして「魚の目」という社会の流れや変化を捉える視点です。

スクールソーシャルワーカーのなかには、「虫の目」だけで支援をしようとしている人が少なくありません。このような場合、困難を抱える子どもや保護者だけに意識が向き、「自分が助けなくては」という思いだけが先行して視野が狭くなり、気がつかないうちに独断型で直線的な支援になり、「つながり」の構築に至らない支援を繰り返すだけになっていることもあります。

時間軸とミクロ～メゾ～マクロを視野に入れた立体的なスクールソーシャルワーク実践では、子どもにとって持続可能なより良い環境形成を目指し、学校を基盤としてそれぞれの領域への正の相互作用を意図した「支援のデザイン」をもとに働きかけます。したがって、常に「鳥の目」すなわち全体像を俯瞰する視点が不可欠です。それは「虫の目」で捉えた子どもや家族の抱える困難に対して、子どもを主体者として学校全体でときには地域住民や関係機関も巻き込みながら、どのような支援を展開していくのかを見通すためです。そして常に変化をとらえる視点「魚の目」で、相互作用による変化のみならず、法制度や社会の変化・様相を適時的確に把握することは効果的な支援に大いに役立ちます。

ウ) 足らざるを知る

どのような仕事でも、経験するほどに自分に不足するものが何かが明確になってきます。スクールソーシャルワーカーも同様で、初心者は何が足りていて何が不足しているのかさえわかりません。「足らざるを知る」(佐々木、2015) ことは、自分を悲観的に捉えることではなく、専門職として貪欲に成長していくための自己点検です。参考までに、筆者がかかわっているスクールソーシャルワーカーたちが「自分に不足している」と感じるという要素の共通点を挙げてみます。

- ・ソーシャルワーク理論についての確かな理解
- ・俯瞰の視点
- ・個別事例における深いアセスメント力
- ・学校アセスメントのための、学校や教育に関するさまざまな知識
- ・学校、子ども、家庭、地域等に関する社会資源、法制度
- ・伝達する力 (アウトプット力)

スクールソーシャルワーカー自身が、より専門性の高いスクールソーシャルワーカーになるために、少なくともこれらの力を十分に身につけていることが必要だと考えているということがわかります。

6 多様性を認め、共に生き、学び合う多文化社会としての学校

多様な困難や少数の立場を理解してもらえない苦しみを抱えているのは子どもだけではありませんし、今の子どもに突然生じてきた問題でもありません。私たち大人も迷いながら悩みながら日々生活しており、子どもの頃からの生きづらさを今も抱えている人もいますし、子どもの頃に困難を抱え悩んでいた人も多くいるはずです。教師やスクールソーシャルワーカーとて例外ではありません。平凡な生活などはなく、特別な人がいるわけでもなく、みなそれぞれが一人の人間として多様な人生を生きているのです。

「みんなちがって、みんないい」という金子みすゞの詩の一節は有名ですが、筆者はこの言葉から、互いの多様性を認め合い、尊重し合い、学び合い、共に生きる姿をイメージします。彼女の言葉が注目されるのは、それがまだ現実社会に不足しているからかもしれません。だとしたら「みんなちがって、みんないい」を真っ先に現実にしていけるのは、小さな多文化社会であり、成長・発達の場である「学校」かもしれません。そしてそれは、個々の子どもにとって、学校が「つながっていたい場」になることでもあるでしょう。

子どもに選ばれる学校とはどういうものか、多様性を認め、共に生き、学び合う多文化社会としての学校とはどういうものか、と考えてみると、やはり「子どもの権利保障」にたどりつきます。子どもの人権とは何かを改めて学び、考え、大人と子どもが語り合うことが、今こそ求められているのではないでしょうか。

【参考引用文献】

佐々木千里 (2015)「学校におけるソーシャルワークの実践」鈴木庸裕編『スクールソーシャルワーカーの学校理解』ミネルヴァ書房。

鈴木庸裕・佐々木千里・髙良麻子 (2014)『子どもが笑顔になるスクールソーシャルワーク』かもがわ出版。

鈴木庸裕・佐々木千里・住友剛 (2016)『子どもへの「気づき」がつなぐチーム学校』かもがわ出版。

文部科学省 (2016)「不登校児童生徒への支援に関する最終報告～一人一人の多様な課題に対応した切れ目のない組織的な支援の推進」。

大阪市立大学大学院文学研究科 (2017)「住吉区の不登校に関する調査・研究 (調査結果報告書)」。

鈴木庸裕・丹波史紀・佐々木千里他 (2017)『子どもの貧困に向き合える学校づくり』かもがわ出版。

金子みすゞ (1984)『わたしと小鳥とすずと―金子みすゞ童謡集』JULA出版局。

第2部

ひとりの子どもも
見のがさない
支援の創造

Ⅰ 病気や障害のある子どもと特別支援教育

❶ 訪問教育（自宅療養）の子どもたち

1 訪問教育の実際

(1) 訪問教育の授業回数

　朝9時、訪問学級を担当する教員は特別支援学校を後にします。病気や障害が重く特別支援学校への通学がむずかしい子どものもとに、その日の教材や学校からのお便りなどを持って、車（自家用車や公用車）、自転車、公共交通機関を使って出かけていきます。3人で1学級という学級編制で、一人の子どもを訪問するのは1週間に3回程度、1回2時間がめやすになっています。そして、午前の子どもの授業が終わると、午後2時ごろからもう一人の子どもの授業に出かけます。

　もっと授業回数を増やしたいと希望する家庭もありますが、週3回の授業もむずかしい子ども・家庭もあります。通院・訪問看護・ヘルパーなどのサービスの利用が欠かせないためです。新入生などで子どもの体力や保護者の負担感から週1回とか2回、時間も1時間くらいから始める場合もあります。さまざまな事情に考慮して柔軟に進めていきます。

(2) 子どもに合わせ担任まかせにしない訪問教育

　子どもと教員の一対一の授業では授業内容が制約されてしまうこと、子どもを複数の目でみる必要があることから、2人の教員がいっしょに訪問したり、教科学習を行う子どもには複数の教科担当者が分担して授業を行います。集団参加と生活を広げるため、可能な子どもにはスクーリングも取り入れます。また、所属学年の教員、管理職や養護教諭、自立活動担当教諭、特別支援教育コーディネーター、学校医などの訪問も取り入れてバックアップします。ふだん授業をするのは担任ですが、訪問教育を担任まかせにしない学校づ

くりは、子どもにとってはゆたかな授業につながり、学校・教員にとっても子ども理解や地域・生活への理解を深める機会になります。

2 就学猶予・免除と訪問教育の開始

(1) 小・中学校から始まった訪問教育

　訪問教育は、1969 (昭和44) 年頃、東京都や神奈川県などの一部の区市町で始まりました。「障害があっても学校に行きたい」——子どもや保護者の願いを受け、小・中学校の教員たちが学校教育法第75条第2項 (当時)「疾病により療養中の児童及び生徒に対して、特殊学級を設け、又は教員を派遣して、教育を行うことができる」を活用して始めた取り組みです。「安上がりの教育」という批判もありましたが、障害を理由にした就学猶予・免除があたりまえだった時代に、訪問教育は燎原の火のように全国に広がっていきました。「どんなに障害が重くても教育は権利だ」という理念は、訪問教育を通して子どもたちの発達の事実に出会うことで確信となり、養護学校教育義務制実施 (1979) (以下、義務制実施)に向けた大きな原動力となっていったのです。

(2) 養護学校の訪問教育開始

　義務制実施以降、訪問教育は小・中学校の教育から、養護学校の教育形態へと一本化されていきました。義務制実施は掲げたものの養護学校は圧倒的に不足しており、就学を保障するためには、訪問教育をとりいれざるを得ませんでした。

　訪問担当者からは小・中学校の訪問教育を残すべきだと要望されましたが、養護学校教育の確立を急ぐ全国的な流れのなかで、小・中学校の訪問学級は、在学生が卒業すると順次閉級となっていきました。

　「養護学校教育の義務制と訪問教育の実施を境に、障害を理由とする就学猶予・免除者が減少している」(文部科学省 (2001)「21世紀の特殊教育の在り方について」) と評価されていますが、子どもの状態から言えば十分通学可能な子どもも、学校不足、通学手段の未整備などにより訪問教育の対象となっていたのです (鹿児島県の離島では現在もこうした状況が続いており、特別支援学校を建設して全日教育を——という要望が出されています)。

　こうして訪問教育は、毎日の通学をめざす教育と、障害の重い子どもたちのいのちと発達を守る教育という2つの役割を果たしながら、その実践を蓄積してきました。

(3) 減少する訪問学級在籍者数

　各県の教育条件によって訪問学級に在籍する子どもの割合は異なり、特別支援学校在籍者数に占める訪問教育の子どもは2013年5月には最低が滋賀県0.45％、最高が佐賀県の6.71％となっています（全国訪問教育研究会、2013）。しかし、義務制実施以降の20年間で学級数は3分の2、在籍者数は3分の1になり、その後も訪問学級の児童生徒の割合は減少傾向にあります。養護学校建設が進み、さらに障害種別を超えて居住地の近くの特別支援学校で受け入れができるようになって通学が可能になったことや、医療的ケア実施体制が整ってきたことが影響しています。また特別支援学校の児童生徒数全体が増加しているため、訪問学級の子どもの割合は相対的に低くなってきています。

3　訪問教育の形態（在宅訪問・施設訪問・病院訪問）

　訪問教育には、大きく分けると「在宅訪問」と「施設訪問」の2つの形態があります。家庭にいる子どもが入院したときは、在宅訪問の延長として入院先に訪問することになります（病院訪問）。先述のように在宅訪問は、障害が重くて通学が困難な子どもの教育保障の場として今日に至るまで続いています。

(1) 「施設訪問」

　「施設訪問」は登下校時の職員体制、感染症予防や療育への支障を考慮して、義務制実施とともに障害の重い子どもの入所施設で導入されたものです。したがって、施設訪問の対象は必ずしも障害が重いわけではなく、施設の事情から訪問教育になったというケースが少なくありませんでした。施設訪問では学校を卒業するとそのまま施設での生活が続きます。新たに幼児や学齢児が入所することはまれで、施設入所者の高齢化が進み、施設訪問を受けている生徒の数は減少傾向にあります。

　2000年を迎えた頃からは義務制実施当時、就学猶予・免除になっていた施設入所者の教育保障が開始され、40代～70代の成人障害者が学ぶようになりました。成人障害者との出会いによって、教育関係者は学校教育の意味を再確認するとともに、障害の重い成人にとっての生涯教育の必要性が明らかになってきました。

(2)「病院訪問」

　1990年代を迎える頃から「病院訪問」が増加してきました。治療に専念しているだけでなく学校教育を受けた子どものほうが闘病意欲が高まり治療効果が上がると、小児医療の側から評価されるようになったのです。そのため、「病気を治すことが先決」とみなされてきた入院中の子ども・家族から教育を受けたいという願いが高まってきました。

　こうした動きを受けて、1994年、文部科学省より「病気療養児の教育について（通知）」が出され、入院中の教育の必要性がはじめて明確に示されました。そして、小・中学校の「院内学級」設置や「病院訪問」が広がっていきました。ただし、残念ながらどの自治体でも病院訪問を行っているわけではありません。院内学級・病院訪問がない病院や病弱特別支援学校が隣接していない病院に入院する子どもの教育の機会は今日も依然として保障されていないのです。とくに高校段階は義務教育ではないため、転校ではなく中退・編入が必要となり、入院中の高校生への教育保障は大きく立ち遅れています。

(3) 自宅療養中の訪問教育

　入院期間が短期化すると退院とともに地元校に転出しますが、地元校に通えない子どもが出てきました。しかし、退院後に自宅への訪問教育を実施し、地元校への復学までつなげている自治体は限られています。自宅療養中の教育保障の新たな枠組みが求められています。

4　重症児のための在宅訪問

　常時、医療的ケアを必要とし、学校への通学が困難な重症児にとって在宅訪問は今日も大事な役割を果たしています。現在、重症児のための訪問教育は全国どの自治体でも行われ、さまざまな教育実践が蓄積されてきています。医療職ではない教員が学校教育の一環としてこれだけ障害の重い子どもの学習を担っているのは世界的にも珍しいといえます。

(1) 障害の重い子どもの在宅訪問から学んだこと

　家庭での授業は、担任もそうですが、保護者も緊張から始まります。多くの母親は、後から笑い話のように「先生が来る前は掃除に追われ、とても疲れた」と語っています。そ

1　訪問教育（自宅療養）の子どもたち　55

れでも、子どもにとってのメリット、保護者にとってのメリットが実感されていくなかで、子どもを真ん中にした信頼が生まれていきます。

　教員は家庭に入ることで、あらためて毎日学校に通ってくる子ども・保護者の生活を実感し、スクールバスから降りてくる子どもを迎えてスタートする学校の一日では気づかなかった子どもの暮らしを深く知ることになりました。

⑵ 生活を支えるネットワーク

　「訪問担任はコーディネーター」——90年代半ばになると、訪問学級の担任たちはそんな合言葉で、授業づくりだけでなく、地域のなかで子どもの生活を支える役割を積極的に受け止めるようになりました。子ども・家族と学校をつなぎ、必要な支援・サービスにつなぐ実践はそれまでもたくさんありましたが、この頃には特別な教員の優れた実践ではなく、訪問担任の基本的な視点・役割として、地域のなかでのネットワークにつなぐことが意識されるようになってきたのです。これは学校・教員の意識の変化もありますが、医療や福祉の側からのアプローチが明確になってきたことが大きく影響しています。障害児（者）等地域療育支援事業の拠点が明確になり、訪問看護ステーション等との合同カンファレンスなどに声がかかり、訪問担任はいち早くこうしたとりくみにつながるようになりました。こうした訪問学級の経験は、特別支援学校のセンター的役割を構想する上での貴重な財産になっていきました。

⑶ 学校への期待と信頼、支援サービスの活用

　都市部で始まった重症化は今、全国どこでも共通して見られます。訪問学級の子どもの障害の状態は確実に重くなっているのに、保護者のみなさんが学校に対してとても積極的なことに驚かされます。訪問学級の子どものほとんどは乳幼児期には療育を受ける機会も余裕もなく、学校が初めての社会参加となるのですが、それでも自宅に入ってくる学校教育への抵抗感は驚くほど少なく、90年代前半までの訪問学級の様子と大きく変化しています。多くの家庭がいろいろな支援を活用して、子どもの心地よい暮らしを実現しています。医療的ケア機器の周辺には、百均アートともいえるさまざまな工夫がこらされ、楽しみながら生活を創造する保護者のたくましさが感じられます。小児医療の進歩によって、障害の重い子どもの救命・長期生存が可能になるなか、乳幼児からさまざまな支援・サービスが提供され、相談できる関係機関があるというなかでの変化だといえます。

　ただ、家族が協力してしっかり暮らしている場合も「困っていない」わけではありませ

ん。一つは母親の健康問題です。24時間神経を張りつめた生活は、母親の健康と気力、経済的余裕に支えられているのです。

　また、東日本大震災の後、人工呼吸器を使用している子ども、医療的ケアが必要な子どものほうがふだんから支援ネットワークをもっており、被災後すぐに支援がつながったことが報告されています（田中、2012）。逆に家族で生活が完結している事例が孤立しがちで情報や支援がつながりにくかったという事実もみられました。

⑷ 身近な地域でのつながりを

　そして、「災害時のことは、学校にどこまで支援を求めていいのだろう」という保護者の率直な思いも聞かれました（猪狩、2015）。ふだんの訪問教育の場面では把握されていなかった要求として「近所の人とのつながり」を求める声がありました。「ここにこういう子どもがいるということを地域の中で知っていてほしい」と、専門家の支援だけでなく、地域のなかでのつながり作りが今、求められているのです。これまで、学校から遠い地域での訪問教育では、近くの小学校、療育機関、ときには敬老館など身近にあるものを積極的に活用し子どもの生活を広げ、顔の見える関係をつくってきた経験がたくさんあります。

　災害時に訪問学級の子どもが直面する問題は、通学している子どもも地域・家庭で被災すれば同じです。学校中心の防災から、子どもの生活圏から考える視点が必要であり、専門家のネットワークだけでなく、そうしたご近所づきあいに学校が介在していくような働きかけが求められています。

5　病気の子どもの在宅訪問

⑴ 病気の子どもの自宅療養

　一方、退院した病気の子どもへの在宅訪問が行われている自治体は少なく、慢性疾患の子どもの自宅療養の実際は学校や社会のなかで共通理解されているとはいえません。しかし、「元気だった子ども」「障害がなかった子ども」が、病気になったときの戸惑い・不安はとても大きく、学校にも行けないで自宅療養している子ども・家族は孤立感を強くもちます。

1　訪問教育（自宅療養）の子どもたち　**57**

(2) 在宅医療と自宅療養中の教育保障

　入院期間が短くなって、現在、子どもの入院日数は全国平均10日を切っています。つまり入院中に病院関係者や院内学級の教員等とじっくりかかわりながら「病気であること」を受け止めていく過程がなくなりつつあるのです。入院が短ければ不安が少ないということにはなりません。たった1週間でも、帰っていく不安はいっぱいです。入院中の教育はあっても、退院した後の自宅療養中の教育はほとんど行われておらず、地元校への通学が始まったとしても、子どもの不安に対する理解や配慮はきわめて不十分です。学校では、根っこには病気を治すことが優先、学校は病気が治ってから——という考えが根強く、「学校のことは心配しないで早く元気になって帰ってきてください」で終わりがちです。

　最近、院内教育から地元校に復学する際の難しさをよく聞くようになりました。かつて院内教育が制度化されていなかったときに、院内教育を受けたいと要望してきた家庭の多くは、子どもも学校が好き、保護者も教育熱心で学校への信頼をもっているというケースでした。今日、さまざまな子ども・家庭が院内教育を受けるようになりました。入院中は医療と教育が連携していますが、地元校で子ども・家族を支えるしくみは不十分ですから、円滑な復学は家庭の養育力に左右され、学校不適応、不登校になる子どももみられます。

　こうした状況のなかで、院内教育と地元校は、「学習進度の申し送り」というレベルを超えて、子どものニーズ、家庭の状況をみすえた連携を進める必要があるといえます。

(3) 退院後の在宅療養を支える

　とくに退院後の生活の安定がむずかしいのは拒食症や精神疾患の場合です。入院中は医療管理が行われ教育もそれを土台にして行うわけですが、自宅に帰ると保護者（とくに母親）のがんばりが強く求められます。背景に家族関係等の困難がある事例も多く、不安定な子どもの心理状態を母親の努力だけで支えるのは大変なことです。児童相談所、保健所等との連携のほか、地元校復帰を見通し、地元校も巻き込んだ支援を準備していくことが在宅訪問の課題になります。

　ネグレクト傾向のある家庭の術後の事例では、通常であれば退院後、しばらく訪問教育となるケースでしたが、自宅の前が小学校です。訪問教育ではなく小学校に復帰して毎日、学校に行くほうがいいのではないか——そういう話し合いを重ねて、小学校からのていねいな支援が実現しました。

　また、小学校入学時から精神科に入院していた事例は、学習の遅れもありこれまでの経験不足を補うていねいなかかわりが必要だったため、退院時には知的障害の特別支援学校

での受け入れを実現させました。いずれも初めは受け入れ先の学校は難色を示しましたが、現状で考えられる、この子どもにとって一番よい方向を――と一緒に考えることができきました。

「うちの学校の子どもではないので責任がもてない」と入院・自宅療養中に訪問教育を受けている子どもの復学支援に消極的な管理職もいますが、移行支援は特別支援教育の大事な役割です。「この子の今」から、柔軟に取り組みを工夫できるのが特別支援教育のよさだといえるでしょう。

これまで学校は「元気な子ども」を前提にしてきましたが、病気治療を継続しながら子どもが育っていく時代を迎え、健康か病気かという明確な線引きはできなくなっています。入院中だけでなく退院後もさまざまな不安・問題にぶつかります。「元の学校に戻る」と子どもたちは心待ちにしていますが、実は地元校での子どもたちの毎日はすごく速いスピードで先に進んでいるのです。退院してきた子どもはそのギャップに直面し、学校へ行けなくなることも少なくありません。

入院から退院へ――という移行を支えるためには入院中の教育関係者の役割はとても大きいのですが、これからは、とくに、地元校の気づきや実効性のある支援の具体化が不可欠になっていくと言えます。訪問教育担当者の手厚い支援だけでなく、支援者を広げ、身近な関係者・関係機関を巻き込んで支援の輪を充実させていくことが重要です。

6 訪問教育という「目」をもつこと

特別支援学校のなかでも、訪問学級がある学校は子どもの生活への想像力とフットワーク力があるように思います。訪問学級の子どものニーズをとらえた柔軟な対応力があります。そのことが、通学籍の子どもの理解や支援の具体化にもつながっていきます。逆に、特別支援学校であっても、学校から教員が子どもの元に出向くという経験も発想もない場合、子どもの抱える危機に気づきにくいようです。こうした違いは、おそらく意識的な訪問学級担任が訪問教育での教訓を学校に返しながら学校の財産にしてきた蓄積ではないかと思われます。ですから、そうした目を学校がもつには、「子どもの元に出向く」学校文化としての訪問教育を、特別支援学校だけでなく、小・中学校も今一度、取り入れていくことが必要なのではないでしょうか。

訪問教育は、決して十分な教育条件だとはいえませんが、子どものいるところならどこでも行けるという点が強みです。子どもにとって必要なことから出発し、「訪問だから」「障害が重いから」ということで済まされていた常識を一つずつ変えてきたのです。

「訪問授業は週2回、1回2時間」という「常識」も定数改善で変えてきました。訪問学級は最初に医療的ケアの子どもと出会いその教育保障について粘り強く発信していきました。「訪問の子どもの修学旅行は必要ない」とされていた学校の「常識」も、どんな修学旅行なら可能かを提起して実現してきました。「訪問の子どもに、義務教育ではない高等部はいらない」という根強い「常識」に対しても、義務教育修了後に実質的な「訪問」教育を校内努力で進めながら、ついに2000年本格実施を実現しました。それらは「安上がりな訪問教育」の矛盾をなんとか改善したいと考えた訪問担任の地道な発信と、それを学校全体で受け止めた取り組みがあったからといえます。そして、何よりも教員や保護者を突き動かすほどの子どもたちの願いがあったからだと思います。言葉で訴えることが難しい子どもたちが何を考えているのかは簡単にはわかりません。しかし「わからない」ということは「ない」ということではありません。子どものそばに行けたことで、子どもの発信を受け止め、子どもの心の声を聴こうとするおとなたちがつながって訪問教育が進んできたといえます。

　障害の重い子どもの教育実践から学んだことを、これからは通常の学級とのはざまで困っている病気の子どもの支援に広げて、関係機関との連携を進めると同時に、地元の学校・学級を巻き込んだとりくみを創っていくことが求められています。

【参考文献】

猪狩恵美子（2015）被災地における訪問学級への支援のあり方、平成24-26年度厚生労働省科研費助成研究報告「障害者の防災対策とまちづくりに関する研究」（国立障害者リハビリテーション研究所）16-21。

猪狩恵美子（2016）「重症児教育からみた特別支援学校の動向と評価」『障害者問題研究』vol.44（No.1）、10-17。

田村総一郎他編著（2012）『重症児者の防災ハンドブック』クリエイツかもがわ。

全国訪問教育研究会（2013）『訪問教育の現状と課題Ⅶ』。

I　病気や障害のある子どもと特別支援教育

② 院内学級に通う子どもたちと保育士のかかわり

1　院内学級（病院の中の学校）へ通う子どもたち

「時間割、そろってる？」

「宿題持った？」

「いってらっしゃい」

「いってきまあす」

　分教室への登校時間になると、病棟では子どもたちや家族、医療スタッフの声が聞こえてきます。点滴の台を自分で押しながらリュックを背負う子、看護師に車いすを押してもらう子、足を牽引しながらベッドごと登校する子など、数か所の病棟から子どもたちが院内学級へ登校します。

　院内学級は9：20〜朝の会、9：30〜11：50まで3コマの授業、午後は13：20〜14：10もしくは15：00まで1〜2コマの授業があります。抱えている病気や入院期間などもさまざまな子どもたちが複式学級で学んでいます。病気といっても、内科から外科までさまざまです。なかにはいろいろな病気の併発や障害の重複、心の病気の場合もあります。その日の病状や治療、治療の副作用、処置や検査の状況によっては登校できないこともあります。そのようなときは、院内学級の教師がその子のベッドサイドに出向いて授業を行っています。

「宿題は連絡帳にはさんであるからね」

「外泊、気を付けて行ってきてね。また来週」

「さようなら」

　院内学級の先生の見送りで下校します。病棟に戻ると、病棟の仲間との入院生活が始まります。

61

子どもたちは、プリントや友だちからの手紙が原籍校から届くと、とてもうれしそうに読んでいます。また、原籍校の行事の日などは、しょんぼりしていたり「今日はみんな校外学習に行ってるんだ」と、保育士にぽそっとつぶやくこともあります。

宿泊学習に参加できず、半日近く泣きじゃくってしまった中学生の女子がいました。保育士と看護師で相談し、病室から場所を替えて落ち着いてゆっくりその子の思いを聞くことにしました。場所を変えたことで、まわりの目を気にすることなく、泣いたり自分の思いを話すことができ、3時間ほどで落ち着きを取り戻し、病室に戻ることができました。

子どもたちの不安や心配ごとは、入院期間や病気によっても異なります。入院当初は、原籍校の友だちと離れてしまったり、仲間はずれになってしまうのではないかという心配が出てきます。それ以外にも、慣れない入院生活や家族から離れて知らない大人ばかりのなかで過ごすこと、初めての治療や処置、なんで自分が病気になってしまったのだろう、病気が治るのかという不安など、心が押しつぶされそうになるくらいたくさんの不安を抱えています。

入院生活が長くなるにつれて、いつうちに帰れるんだろうという見通しが立たないことや治療による副作用などの不安。退院を迎える時期になると、原籍校へ戻ることに対する不安が出てきます。例えば、病気のことや入院していた理由を聞かれたらどうしよう、治療や手術で容姿が変わってしまったことを指摘されたらどうしようといった心の不安。松葉杖で階段や廊下を歩いたり、トイレに行くこと、人工呼吸器をつけたり酸素を導入して学校生活を送ることなどの身体的な不安。子ども一人ひとりの病気に応じた不安が生じます。中学生になると、それらに加えて、入院前の学力を維持することや将来の進路への不安も加わってきます。

保育士は、一人ひとり病状や不安も異なる子どもたちの思いに寄り添うことができるように、家族や特別支援学校の教師、医師、看護師と協働しながらかかわっています。

2 家族や特別支援学校（病院のなかの学校）の教師、医師、看護師との協働

自治医科大学とちぎ子ども医療センターでは、保育士が院内学級の担当になっていて、子どもたちの登下校の見守りや院内学級と病棟とをつなぐ連絡調整の役割を担っています。そのため、院内学級に通っている子どもたちやその家族の悩みや不安などの相談にのることもしばしばです。相談は院内学級の教員や医療スタッフにつなぎ、情報の共有を行っています。特別支援学校の教師、医療スタッフが連携してかかわることで、子どもやその家族の不安の解消や軽減につながります。

そこで、いくつかの事例を紹介します。

(1) どうしても学校に行きたい

　Sくん（小学校3年生）とNくん（小学校4年生）は、同じ時期に同じ白血病という病気で入院してきました。治療も順調に進み、院内学級に登校していました。

　明日は治療のため院内学級はお休みしなければなりません。それでも二人は「どうしても学校に行きたい」と、保育士に伝えてきました。保育士は、主治医と看護師に二人の思いを伝え、明日登校できないかと相談しました。主治医は、午後から開始しても治療効果に支障が出ないと判断し、午前中のみ登校して良いとの許可が出ました。子どもたちから主治医に自分たちの思いを伝え、登校の許可をもらうという方向で、保育士は主治医や看護師と段取りをしました。二人は主治医と直接話し、登校の許可をもらいました。院内学級にもこのエピソードを伝え、情報を共有しました。これがきっかけとなり、二人はことあるごとに主治医に相談しながら治療や検査をすすめていくことができました。

　主治医をはじめ医療スタッフが子どもたちの思いを尊重し、また、子どもたちも自分でもできるんだという達成感を味わったことで、治療や検査などを加味しながら入院生活や学校生活に見通しを立てることができるようになった事例です。

(2) 退院に向けてのかかわりⅠ

　小学5年生のYさんは、白血病を発症し、治療のため8か月ほどの入院生活を送りました。

　退院を目前にした日、Yさんは、登校しながら保育士に「おうちには帰りたいけど、学校には行きたくないな」と話してきました。その日、学校が終わってから、ゆっくり話を聞くと「ウィッグを着けて登校するけど、みんなに何か言われそう」「クラスの友だちは病気のことを知っているけど、登校班の子は知らないから、何か聞かれたらどうしよう」ということでした。

　Yさんの思いを看護師、母親、院内学級の教師に伝えました。母親からは「やっぱりそうだったんですね。学校の話をすると黙ってしまうこともあったので」との言葉が聞かれました。看護師と保育士は、復学への不安が強いYさんの思いを、院内学級の教師に聞いてもらえるよう依頼しようと話し合いました。保育士から院内学級の教師に依頼をしようとしたとき、院内学級の教師から、自立活動の時間に退院に向けて心配なことはないか、原籍校に戻ったら何がしたいかなど、Yさんの思いを聞く機会を設けたいという提案を受けました。

2　院内学級に通う子どもたちと保育士のかかわり　63

院内学級に依頼し、Yさんと担任の教師は二人で、心配なことや不安なことを抽出し、具体的に場面設定をして、ロールプレイを行い、対処法を考えました。例えば、登校班の子どもと登校中の場面を設定し、登校班の子ども役になった教師がYさんに病気のことや容姿にかかわることなど、実際に聞かれそうな質問をしました。Yさんが返答に詰まってしまうと、その場で担任の教師が声をかけ、返答の内容を二人で考えました。ロールプレイを重ねていくと、Yさんも自信をもって返答できるようになりました。院内学級でのかかわりや、Yさんの心配なことや不安なこと、それにどのように対処するかについて、院内学級の教師から保育士や母親へ情報が提供されました。「これで学校に行けそう」と笑顔が見られました。

　この事例では、保育士が原籍校への復学についての不安や思いを聞くことができ、それを保護者や医療スタッフ、院内学級の教員と情報提供をしました。そこで、院内学級の教師がYさんの思いを聞き、時間をかけて繰り返し丁寧にかかわることで、保護者とTさんの復学への不安が軽減につながりました。

⑶ 退院に向けてのかかわりⅡ

　高校1年生のTさんは、中3の1月に固形腫瘍で入院してきました。治療をしながら病院から入学試験を受けに行き、無事高校に合格しました。しかし、治療に専念するため高校を休学せざるを得ませんでした。つらい治療を乗り越えて、ちょうど1年後、退院の時期を迎えました。高校を1年間休学したTさんも母親も、復学の方法や病気のこと、病気による学校生活での配慮事項など、学校にどう伝えるかなどについて、誰に相談して良いのかわからず悩んでいました。

　保育士とTさんの何気ない会話からも、高校復学への不安が聞かれました。友だちは高校2年生に進級するのに、自分は高校1年生のままであること。中学校の後輩が同級生になること。後輩のなかに知り合いがいるのではないか……。Tさんの不安はつきませんでした。病気のことをクラスのみんなに伝えたほうが良いのか、伝えるとしたらどの程度まで伝えるのかなど、かなり繊細な内容もありました。ほかにも、合格するために志望校からランクを一つ落とした高校の特別選抜を受けたことや、志望校をあきらめなければならなかった悔しさも話してくれました。

　また、入院前は母親に反抗していて口も聞かなかったけれど、病気になってからは母親が仕事を休んで付き添っているため、たくさんの思いを母親に伝えることができたこと、今は感謝してもしきれないくらいだとも話をしてくれました。

　保育士がTさんの高校復学支援について相談した院内学級の主任教師は、県立高校との

連絡調整を引き受けてくれました。

現在、退院時に復学支援が必要な子どもについては、院内学級が中心となり「支援相談会」を開催しています。参加者は図1の通りです。原籍校からは、校長、教頭、学年主任、担任、養護教諭、スクールソーシャルワーカーなど、子どもと家族のニーズに合わせた方が参加します。看護師長が主治医と看護師、保育士の日程調整を行い、院内学級が原籍校の日程調整を行います。「支援相談会」では、主治医から病気の治療経過と現状についての説明、看護師や保育士から入院中の生活の様子、院内学級の教師から院内学級での学習の進度や生活の様子、原籍校での様子が話されます。その後、退院後の配慮点を主治医が説明し、原籍校での学校生活の調整が行われます。退院後の生活における配慮点の説明からは保護者と本人も加わり、保護者からの質問や本人の不安や希望についても意見交換が行われます。

図1　支援相談会

今回の事例でも、特別支援学校の教頭から原籍校の教頭に連絡を入れ、日程調整を行いました。Tさんは高校生で、院内学級に在籍していないため、支援相談会に院内学級の教師は参加しませんでしたが、無事に調整を終えることができました。Tさんは「心配なことを全部聞けたので、安心して通学できる」、保護者も「退院後の生活で気を付けることもよくわかり、Tが心配なことを高校に伝えられたのでよかった」と安心されていました。外来の際、高校生活の話をしに病棟まで来てくれました。新しい友だちもでき、週末にはお泊り会などもしているそうです。院内学級に在籍していない子どもと家族に特別支援学校が対応することで、原籍校との退院調整がうまくできた事例です。

(4) 小学校への入学準備へのかかわり

担当の年長児4人が揃って、入院中に小学校への入学準備をするという機会がありました。

4人とも長期に入院している子どもたちで、小学校での健康診断や一日体験入学への参加もままなりませんでした。子どもたちは、小学校に入学するという意識が薄く、保護者は病気を抱えた子どもの入学手続きをどのような機関と調整したらよいのか、また、地元の小学校に通えるのかという心配をもっていました。そこで、保育士から看護師に提案し、年間通して入学準備の支援を行うこととしました（表1）。

表1　就学準備シート

ランドセルプロジェクト

	4月	5月	6月	7月	8月	9月	10月	11月	12月	1月	2月	3月
地域	本人保護者への十分な情報提供（教育委員会）						学齢簿の作成 10月31日まで	就学時健康診断 11月30日まで	1日入学の通知	就学先決定 教育委員会から家族へ31日まで		卒園式 4月 入学式
家族	治療期間や治療内容によっては教育委員会などへ早めの連絡 **幼稚園や保育所との連携**					学習時間の教材の準備	随時、就学時健康診断・運動会への参加（学校への連絡）	就学時検診の際、学校管理指導票を持参して、学校との話し合いに臨む		1日入学への参加	入学に向けての手続きなど卒園式などについて幼稚園保育園と相談	卒園式参加
病棟	看護師と保育士で年間計画の確認を行う。主治医・家族に、就学準備に向けての説明を行う。対象児に対して説明を行う	個別保育計画の立案⇒望ましい姿を参考にする。			望ましい姿の評価	就学時健康診断や運動会への連絡確認⇒主治医への報告	学習時間への参加開始（体調を見ながら午睡はなくす方向で）	学校管理指導票の作成（主治医）	望ましい姿評価 1日入学の通知の確認	入学期日通知の確認	地元の幼稚園や保育園の卒園式の情報確認 **主治医**に今後の治療期間や予定、入学についての確認 **家族**に2月末までに入学校の確認 子どもへの説明の確認	必要に応じた卒園の準備（病棟での卒園式の準備も含む） 望ましい姿・個別計画の最終評価
		計画の評価・見直し（毎月実施）										

　保育士や看護師、保護者は、入学前の4人に小学校の雰囲気を味わってもらいたいと思っていました。その頃、院内学級で保護者や子ども医療センターの職員を招待し、学習発表会が開催されることになっていました。院内学級に相談し、学習発表会を4人に見学させてもらうことにしました。そのとき、見学していた4人のことを気にかけた特別支援学校の校長の配慮で、1日体験入学を院内学級が開催する運びとなりました。院内学級の主任教師と保育士で、開催の日時や内容について検討しました。保育士は主治医と看護師に内容を伝え、病状や治療に問題がないか検討してもらいました。ただ、開催日時と内容が決定し、その日を待つばかりとなったところでインフルエンザが流行したために、実施は見送られました。しかし、4人の子どもたちには、小学校に入学するという意識が芽生え、入学を楽しみにするようになりました。また、入学手続きに関する疑問や不安は、保育士が仲介になり院内学級の主任教師にアドバイスをもらうことで、スムーズに進めることができました。4人のなかに、小学校入学後も入院生活を送る子どもがいました。ひとり親家庭で、保護者は外国人です。日本語は話せましたが、細かい部分までは十分に伝えることはできません。そのことを院内学級に伝えると、保護者の許可を得て、院内学級の主任教師が、保護者の代わりに市の教育委員会や入学予定の小学校との調整や手続きを行いました。

特別支援学校が臨機応変に対応し、地元の小学校の役割を担ってくれたことで、子どもたちと保護者が入学準備をスムーズにすることができた事例です。

3　保育士の役割と今後の課題

(1) 保育士の「つなぐ」役割

　保育士は子どもや保護者の思いに寄り添い、子どもと保護者を医療スタッフ・院内学級など必要な人たちとつなぐことを役割の一つとしています。そのためには、子どもや保護者との信頼関係を築くことが大切です。その人の思いに寄り添うということは、その子どもや保護者の立場を理解し、気持ちを受け止めることだと考えます。気持ちを受け止めるために、保育士は、常に同じ目線、立ち位置に立ち、もし自分がその子だったら、その保護者だったらと思いを巡らせます。そうすることで、子どもや保護者の思いに気づくこともあります。そのようなときは保育士のほうから声をかけ、思いを丁寧に聞いていきます。

　つなぐということは、子どもや保護者の代弁者として、医療スタッフや院内学級の教師に思いを伝えることですが、できれば子どもや保護者が医療スタッフや院内学級の教師に直接思いを伝えることができるようにかかわっています。また、つなぐことはいろいろな機関や人とつながりでもあります。保育士が子どもや保護者の思いを発信することで、医療スタッフと院内学級と保護者、院内学級と原籍校と医療スタッフ、教育委員会などつながりが広がり、子どもや保護者に最善の利益をもたらすことができるようにしていきたいと思います。

(2) 院内学級をめぐる課題

　「学校へ行くの、俺も行ってみたいな。えーっ、なんで俺は行けないの？」

　入院している学童期の子どもみんなが、院内学級に通えるわけではありません。院内学級に通うためには、入院期間や転籍をしなければならないなど、いくつかの条件があります。院内学級に通っている子どもたちは、前述のようにいろいろなつながりによって支援されていますが、院内学級に通えない子どもたちへの支援は確立されていません。学習の保障がされていないので、入院中に地元の学校からの支援がないことがほとんどです。宿題のプリントなどは配布されますが、「これ、習ってないところだからやれない」と、プリントに取り組むことができません。学校に戻って遅れた分の支援も、保護者から依頼し

ないと援助を受けることができず、言い出しにくい保護者の場合、そのままになってしまう子どもたちも多くいます。

　院内学級に通っている場合でも、松葉づえを使用して学校に登校する子どもなど、前述のような支援相談会を開催するほどではありませんが、学校と調整する必要があります。そのような場合は、主治医が学校生活での配慮事項を伝え、看護師から具体的に学校と調整する点を伝えて、保護者が直接学校と調整します。しかし、保護者がうまく伝えられなかったり、伝えても学校側の問題で退院調整が難しいことも増えてきています。

　医療スタッフや院内学級が介入できることに限界があるのが現状です。病気を抱えた子どもと家族には、病院や学校、地域や社会資源とつながって支援をしてくれる専門職が必要です。その役割をスクールソーシャルワーカーが担っていくことを期待しています。

　病気を抱えた子どもや保護者の思いは病状や心身の状況により思いはさまざまです。その思いに寄り添い、多職種がお互いの役割や専門性を理解し、連携することで、地域のなかで子どもたちが健康な子どもたちと同じように成長発達を遂げていけるようにしていきたいと考えています。

Ⅰ　病気や障害のある子どもと特別支援教育

③ 難治病の子どもたちの教育保障

1　病弱教育の現状と実践的課題

(1) 院内学級の数と入院児の特徴

　病気で子どもが入院してしまったら、学校での勉強はどうなるのでしょうか。こうした悩みに応えられる教育機関として病院内学級があります。現在、全国の病院に設置されている院内学級の数は、およそ260校（小学校160、中学校100）です（2011年度調査：全国病弱虚弱教育研究連盟）。疾患の治療のために病院に入院したり、退院後もさまざまな理由により小中学校等に通学することが難しかったりする場合は、学習が遅れることのないように、病院に併設した特別支援学校やその分校、または病院内にある院内学級に通学して学習しています。2005年に92校だった病弱教育部門を設置する特別支援学校数は、2013年には143校に増加しています。

　病院に入院してくる子どもたちの対象疾患は、近年大きく変化してきています。1991年頃までは、「筋ジス等の神経系疾患」「喘息など呼吸器系の疾患」「腎炎などの腎臓疾患」「虚弱・肥満」等が約半数の割合を占めていました。ところが、2007年には「新生物などの腫瘍系」や「心身症などの行動障害」といったいわゆる心の病気、精神疾患をもつ子どもたちが全体の約10％を占めるとともに、「重度・重複」「二分脊椎などの先天性」等の割合も増加してきています。

　最近の病弱教育では、医療技術が飛躍的に進歩したことにより入院期間の短期化や在宅医療なども増大し、院内学級の対応や学習の進め方を変えなければならない時期にきています。

(2) 院内学級の措置のされ方、対象となる状態

　院内学級に通うことができるかどうかは、「入院が必要となる状態かどうか」という病気の種類や、病気の子どもを受け止める教育的条件（入院している病院に院内学級があるかどうか等）、あるいは入院期間等によっても異なってきます。

　入院児が院内学級に通う場合には、病院および、そこに併設された病弱特別支援学校、病院内の院内学級の双方の了解が必要になります。院内学級に入級する場合は、病院の医師や保護者の要望を受け、前籍校（対象となる子どもがもともと在籍していた学校）と院内学級や病弱特別支援学校間で話し合って転入日を決め、教育委員会等を通じて書類のやり取りを行います。

　また、入院を必要としない子どもに対する教育としては自宅や施設・寄宿舎から病弱学級、病弱特別支援学校に通う方法もあります。病状や治療の計画など、状況によって対応もさまざまです。入院後すぐに転籍する場合もあれば、体験的に学習に参加する、時間を区切って登校し、様子を見ながら登校時間を増やしていく場合も考えられます。また、入院した病院に病弱特別支援学校や院内学級が設置されていない場合、特別支援学校等からの訪問教育を受けることができる場合もあります。院内学級は基本的に入院中に通うことになりますが、退院してからも治療の影響による抜毛、復学（入院前に通っていた学校に戻って学習すること）への精神的な不安、体調の不安定さなどから、一定の期間、院内学級に通っている子どももいます。

(3) 院内学級の教育課程

　院内学級の教育課程については、準ずる教育（小学校、中学校等に準ずる教育で、教科学習中心の課程）、重複課程（知的な障害を伴っている場合やまひがある場合等、教科的な学習を行うことが難しく、自立活動*等、領域教科を合わせた指導を中心に行う）があります。準ずる教育では、前籍校と同じように基本的に教科書を使い、時には進度を確認しながら学習をすすめます。前籍校に戻った時に、まわりの友だちと比べて学習が遅れていないかという不安感は、子どものなかで大きいものです。その心配を生まないために、限られた時間のなかで要点をおさえて学習を進めていきます。前籍校から単元ごとのテストを預かり、同じように取り組むこともあります。病院の医師と毎日確認しながら、体調が良い場合は院内学級の教室に登校して学習する場合と、感染への抵抗力などから教室には行かず、ベッドサイドに教師が出向いて隣で学習をする場合もあります。子どもたちは教室に行くことを楽しみにしており、入院中の生活で教室に行って学級の友だちと話したり

一緒に学習したりすることを楽しみにしている様子があります。院内学級にもAET（外国語教師）がいて、ときには外国語でビンゴゲーム、洋楽を歌う、クイズ等、外国語に触れる学習が計画されることもあります。

重複課程学習では、自立活動を主として各教科を合わせた指導や総合的な学習を行います。例えば、天気しらべ、リズム体操、音楽でリラックス、タブレットを使ったアプリゲーム、合奏、パズル学習などです。車椅子を使用したり、姿勢保持が難しく寝たままの状態で学習を行ったりする場合が多いのでベッドサイドで行うことが多いといえます。

院内学級でも、行事を企画することがあります。軽スポーツ大会、おまつり、合奏会、発表会等です。一例としては、おまつりを実施する時は普段お世話になっている医師や看護師や心理士、保護者を招待して簡単なゲームに参加してもらうことやポップコーン、わたあめなどを作って販売するミニ売店体験などを行っています。子どもたちは事前にイベント内容のアイディアを出し合い、係分担を決めて準備をします。ポスター制作や招待状を作ることも分担して行い、生き生きとした表情が見られます。病院という限られた空間のなかでいつもと違う活動ができることは、子どもたちにとって貴重な時間です。

＊自立活動：児童生徒がそれぞれの障害の状態や発達段階等に応じて、主体的に自己の力を発揮し、よりよく生きる力を身に付けられるように行う学習。教師や友だちとゲーム的な活動をしたり、気持ちを安定させることができるような好きな活動をしたりと内容は多岐にわたる。

(4) 院内学級の実践課題

病気をもつ子どもたちが治療のために入院している間も、学習の機会をもち、友だちや教師とのかかわりをもてる場所として院内学級は大切な役割を果たしています。しかし、その院内学級の実践にもいくつか課題があります。

まず、すべての病院に院内学級が設置されているわけではないことです。入院中の子どもたちが学びたくても、その教育の保障がすぐにできない状態になってしまうのです。また、入院期間が短期化していることや頻回化していることから、病気や障害等も多様化・重度化しているなかで、子どもたちの実態が把握しづらい現状があります。そのため、学習空白（治療や体調不良等から学習が遅れている、学習していない期間ができてしまう）をはじめとする多様な教育的支援が求められています。

そして、高等部の生徒への学習支援の問題（高校生支援）も挙げられます。高校生は義務教育ではないということもあり、院内学級で教育を保障している病院はとても少ないのが現状です。同じ病室の小中学生が院内学級で学習している姿を見ながら、高校生は「自分には何も支援がない」と不安になることも少なくなく、実際に病棟で保護者から「院内

学級で一緒に支援してもらえないか」という声があがることもあります。また、高校は出席や試験によって単位を認定していくシステムに変わりますが、病気の子どもの単位認定の方法等、話し合って一つひとつ決めていくことが必要な内容も多くあります。

　一方、小学校入学前の幼児に対する支援も実践課題となっています。近年では、院内学級のなかには、病院保育士（病院に勤務する保育士）が配置されているところもあります。小中学生が直接かかわる機会は少ないですが、同じ階に乳幼児の病室がある病院では、プレイルームのような広い場所で、時折ともに活動することもあるようです。病院保育士は、曜日ごとのプログラムにそって読み聞かせ、工作、手遊び歌等、集団での活動を担当しています。仕事の内容は一般的な保育士と変わりはありませんが、入院中の幼児の遊びやコミュニケーションのケアとして大きな役目を果たしています。保護者とも話すことで、病室に毎日のようにお見舞いや付き添いをする家族の不安解消につながることもあります。まだ数としては少ないかも知れませんが、今後、ますます需要が増えていくことでしょう。

2　子どもたちへのかかわりと学習支援

　院内学級には、以上のような現状と実践課題があるなかで、具体的に院内学級のケースからどのような対応が求められるのかを考えていきたいと思います（プライバシー保護のため、重要部分を脚色し、架空のケースとして表現しているところがあります）。

(1) 子どもとの関係づくりの重要性

　筆者は病弱教育の教師になったとき、子どもとの関係づくりという点において、それまで勤務していた学校と異なるものがあると感じました。それは、短期入院が多く、出会ったと思ったらあっという間に別れがくるということです。そのため、短時間で子どもの心をつかみ、「この人となら一緒に勉強してみよう」「自分の話をしてもいい」と感じてもらえるかが大切でした。当然のことですが、子どもと関係が作れないなかでは学習がうまく進むはずもなく、好きなことや趣味、どんな話題なら笑顔を見せてくれるかをすぐに見抜く力が必要だと感じました。

　このように、まず、基盤となる人間関係を構築し、それからやっと進度を意識しながら学習の計画を立てます。このとき、朝の健康観察から病室に送り届けるまで、途中で体調が悪くなっていないか、不調を訴えられずにいるのではないかなど、常に子どもの様子を観察していくことも必要です。また、学級までつけてくる点滴に異常はないか、検査の時

間に遅れないかも、本人と確認しながら学習を進めます。関係性が深まってきたころに退院、ということも少なくなかったので、互いのペースがつかめるまでは特にやり取りしながら、気持ちを探りながらの毎日が続きます。

ケース1 病気をきっかけに、自分の内面と深く向き合った中学生Ａさん（白血病）

　入院する前は学習にもスポーツにも非常に積極的な子どもでした。病気についても自分なりに調べ、知っている情報を駆使して受け入れようとしていました。病院内ではできることが限られています。生活のほとんどの時間、ベッドの上での生活。移動できたとしても、同じフロアの共同スペースか院内学級の教室くらいです。院内学級の学習時間以外は、ゲームや読書、まんがに没頭する姿がよく見られます。彼もその一人でした。

　好きなスポーツについて詳しかった教師とは、試合の運び方についてベッドで理論を学び、最近興味が出てきたと話していた心理学についても話題が広がりました。学級の時間割のなかに音楽はありませんでしたが、自立活動の一環として洋楽の弾き語りに取り組んだり、学級の友だちや教師と協力して合奏も行ったりしました。はじめは積極的にまわりとかかわる姿が少ない彼でしたが、学級にいる小学校低学年の子に対して自ら考え、難易度を調整したクイズを出すなど、自分から言葉をかける様子も見られました。

　理科の生物の学習では遺伝や生命の連続性にも話題が及びました。病気になったことで、生きる意味、人生の目的について、とにかくたっぷりあった時間のなかで、自分と向き合って考える時間が増えたようで、授業時間いっぱい語り合いました。好きなまんがやアニメの話になると互いに白熱し、魅力について激論を交わしました。それと同時に、教師は彼の知識量、思考力、論理力に感心していました。自分が同じ年齢だった時に、これだけ多くのことを考えていただろうか、これだけ物事と深く向き合っていただろうか、といつも考えさせられていました。そして、とても冷静で淡々とした口調の裏に、病気について受け入れようとしているとはいえ、中学生の彼の、今後の人生に対する不安や、復学した後の学習進度、まわりの友だちとの距離感や受験に対する焦りといったものが感じられました。彼は本を読み、自分で解釈していくなかでその不安と戦い、「大丈夫。いくらでも取り返せる」と自分に言って気持ちの安定を図っていたようにも見えました。「病気にならなかったら、こんなに人生について考えることはなかった」とも話していました。復学することへの不安は特にないと語っていた彼は、すべての治療を終えて前籍校に戻っていきました。退院してからも何度か学級に挨拶に来てくれましたが、入院中にあったどこか気持ちを張りつめていた表情から、穏やかで優しい表情に変わっていたことが印象的でした。

3　難治病の子どもたちの教育保障　73

ケース2 病院での学習をいかに楽しくするか—小学校低学年Bさん（腫瘍）

　世間では社会現象になるほどポケモンGOがブームになっていた時期でした。院内学級在籍でゲームをやりたい時期の小学生。タブレットは持っているけれど、歩いてポケモンスポットを巡ってポケモンを集めることができない。でも、やりたい……。葛藤の末、彼は見舞いに来てくれている両親に病院の周りを歩いてポケモンを集める協力依頼をしていました。また、かろうじて病院の一階にポケモンが集められるスポットがあり、病室内で数歩歩けばアプリが反応することを知った時は大喜びでした。その状況を見た時に、やはり生活経験や活動範囲がかなり制限されていること、同年代が当たり前のようにしていることが実現できないもどかしさがあることを痛感しました。学習内でも「観察」「実験」「調べ学習」のなかには実際取り組めないことも多く、映像教材で代替したりタブレットでできる範囲で調べたり、といった対応をしていました。もちろん、病室内で許される範囲で書き初めや大きな段ボールを使った大規模な工作に取り組むこともありました。幸い楽器等は学級にそろっていたので、全員でパートに分かれての合奏など、工夫して授業を計画してきました。

　なかでも、毎学期末に一度行っていたお楽しみ会は、訪問学級の子どもたちにとって非常に楽しみな行事でした。病院や学級によっても取り組みはさまざまかと思いますが、友だちと一緒にやりたいことのアイディアを募る話し合いからスタートします。話し合いでは、ふだんなかなかできない大ゲーム大会、カラオケ、ミニスポーツ、調理、お菓子づくりなど、活発に案が出されていました。恒例にしていた映画鑑賞会も、実際の映画館の臨場感を出せるように椅子を並べ、暗幕で教室を暗くして、壁をスクリーンに見立てて映像を映し、スピーカーから音声を出力するなど、雰囲気づくりに努めました。入院中は映画館に行くこともできない状況の子どもが多いなか、自分たちで作ったポップコーンを食べながらスクリーンを見つめる姿を見ていると、企画して良かったなあと喜びを感じるのはもちろんのこと、教師もいつの間にか一緒になって夢中になって映画に見入っていました。

ケース3 夢に向かって歩き出した中学生Cさん（難病）

　病気の発症以前から対人関係のトラブルがきっかけで適応指導教室にも通っていました。入院以前から学習空白があり、学習自体への苦手意識や意欲低下があるようでした。一方、Cさんはまわりに気づかいができる穏やかなタイプで、人間関係をとても良好に運べる子でした。「ボランティア系の仕事に就きたい」「人の役に立つ仕事がしたい」という将来の夢はありましたが、やはり学習への意欲はすぐにはわかず、目の前の具体的な進路

についてはなかなか決められない様子がありました。

　学級での様子は、年下の子に対して優しく接するお姉さん的な存在で、難病でありながらもひたむきな姿勢に、教師も胸を打たれる毎日でした。Ｃさんは院内訪問学級で行っていた自立活動の時間をとても楽しみにしており、「自己紹介、他己紹介」「さいころトーク」「こんな時はどうする」「ありがとうの花束（互いの良いところをメッセージ形式で伝え合う）」「ゲーム」「合奏・合唱」といった学習に対しての感想を話し合う場面では、「計画してくれた先生たちに感謝」「院内学級で貴重な経験ができている」と話してくれました。対人関係でトラブルがあったとは思えないほど、積極的に発言し活動を楽しんでくれているようでした。

　そんななか、少しずつ将来についての情報を自分でも集め始め、地域の病気を抱える人が集うコミュニティに思い切って参加を決めました。「どうだった？」と感想を聞くと、異年齢集団のなかで自分の悩みを話したり簡単な作業を一緒にしたりした、とのことでした。学級を離れるときには、涙ながらに「これからも訪問学級での時間を励みに頑張っていきます」と伝えてくれたＣさん。定期的な通院でその後の様子を聞くと、体調を確認しながら通信制の学校に通うことを考えていることや、定期的に参加していた地域のコミュニティの仲間と一緒に活動しており、好きだった歌うことや音楽に関する活動にも取り組んでいるとのことで、前向きに大きな一歩を踏み出している様子でした。

　実は、Ｃさんは入退院を繰り返していることも関係があるのか、前籍校との連携も、保護者との連絡も、あまりうまく進んでいませんでした。そんなこともあり、余計に今後の進路についてもどう支援して良いかわからない。院内学級の担任としてできることの限界を感じることも少なくありませんでした。子どもたちの多くは訪問学級を「学校のようなところ」と呼んでいます。入院中の「学習保障の場である」と考えている保護者や子どもが多いので、本来ならば本人の悩み、進路、生活のことまで全面的に相談にのりたいという気持ちがありつつも、短期間の入院後に復学することを考えると、どこまで支援して良いのかということを悩む毎日でした。病気のある子どもたちにとって、スムーズに復学できることも大切であり、院内学級に在籍している期間で何ができるのか。入院中の不安や悩みをどこまで受け止め、退院まで支えられるのか。病院、福祉系の関係機関との連携等についても、病院によっても対応はさまざまであり、まだまだ課題が残っていると考えます。

(2) ケースとかかわるなかで感じること

　以上のようなケースとかかわるなかで、筆者は子どもの本音を引き出すためには「気取らない」「失敗を堂々と見せる」「大人でもいつも真面目というわけではない（冗談を言っ

たりふざけたりもする）」「休みたい気持ちは先生にもある」ということを心がけてかかわってきました。学習のなかで今日の目標、進度、達成度などが大切なことはもちろんですが、学習空白や不登校の経験がある子どもたちに対しては、まず「学ぶこと、学習することの楽しさ」を伝えたい。一度でも良いから「勉強って面白いかも」「知ることは自分の世界を広げることになるんだ」という感覚を味わってほしいと考えています。

　特に、難治病の子どもたちは、これまでの学校での経験のなかで、嫌な記憶や、まわりとの比較で自信を失い「どうせ自分なんてやってもできない」「わかるわけがない」という思いが強く、学習そのものに拒否感を抱いている子どもも少なくありません。そのため、自己肯定感が低く、自分のことを認められない、ほめられた経験が極端に少ないといった姿も見られます。まずは、第一歩として自分の可能性を感じてほしいのです。学校でのかかわりや生活のなかで、けっしてまわりとの比較ではなく、「自分は自分」ということから自分の良さを感じ、自己肯定感を高め、自分自身が学ぶことの意味合いを感じてほしい。安心して過ごせる場所があり、自分には価値があるということを知ってほしいという思いを強く抱いて、教育を行っています。

3　学校とソーシャルワークを含めた専門家との協働

(1) 心理的なサポートを必要とする病弱児への対応

　これまで紹介してきたように、病気の子どもは単に医療的なケアが必要であるというばかりでなく、心理的な支援を含めて総合的なケアが必要になります。そのため、院内学級でも学習計画を立て、系統的な学習を進めていますが、臨機応変な対応を常に行っています。

　具体的には、登校した時の表情や言葉、保護者の話から、今日の様子を見て、「今日はイマイチの表情だな……」「今日は楽しみにしている授業があるから最後までもちそうかな……」などと考えながら、一日をスタートします。なかには、不登校の経験をもち、心理的な要因から登校することそのものに大きな気合いを入れる必要があり、まずは登校したことで今日の目標はクリアという子も存在しています。学校に登校できたことを称賛し、「この調子で」「〇日連続になっているね」と言葉をかけます。一度休んでしまうと、次回登校するのに非常に大きな負担を感じてしまう場合もあるようです。

　登校した後も、学習の毎時間、休み時間の度に、その時その時の本人の本当の気持ちを汲み取れるように、できるだけ多角的に状態を把握しようと努めています。学習を続けられるかどうかの質問に、たとえ「大丈夫です」と答えたとしても、本心でない（本心が言

えない、伝えられない）こともあります。実は（我慢しているけれど辛い……休みたい。でも学校に来たのにやりたくないとは言えない、なんだか悪い）と思っていても、なかなか自分の気持ちを正直に伝えられない子どももいます。後になって「実は、あのとき体調が悪くて……」と知ることもありました。

　学習が始まってからも、浮かない顔や机に伏せて教科書を開かないこともありました。そんなときは思い切って学習から話題をそらし、本人が好きなテレビやアニメの話、旅行の話など、一気に気持ちを引っ張ります。すると、ふっと顔を上げて生き生きと話してくれることがあります。そうなると、子どもからの発言も増えて笑顔も見られてきます。そこで気持ちを盛り上げておき、ある程度話題がまとまってところで、さりげなく「じゃあ、少しだけやってみようか」と、学習内容に切り替えていくこともたくさんありました。

　「昨日こんなことがあって……」「これは嫌だったんです……」というように、授業が悩み相談室になることも度々ありました。体調の変化や辛かったこと、嫌だったことなど、一度話し出すと止まらないこともあります。授業が少人数であることもあり、教師と児童生徒が一対一で学習することも珍しくありません。一つひとつの言葉に「そうだったんだね」「その気持ち、分かるよ」と気持ちを受け止め、話を聞き、あいづちを打つと、自分の思いを話せたこと、伝えられたことで気持ちの整理がつくようで、表情が明るくなり、すっきりと切り替えられることもあります。

(2) 病院内のスタッフとの連携

　こうした心理面で支援が必要な病弱児に対しては、臨床心理士などからの支援を受けることも多くあります。病院では、院内学級の教員と病院のスタッフが集まり、月に一度程度、情報共有の機会を設けていることが多くあります。そこでは、治療の経過、退院までの見通し、学級での学習の様子が話し合われます。この会議は治療の様子を知ることができる貴重な機会で、学校から学習面の様子を伝えたところ、医師側が治療後・手術後の変化をより詳しく確認するということもありました。教師も、医師の話を聞き、学習内の特定の場面で、これまでよりもさらに注意深く観察を続けるといったケースもありました。特に、手術前後に書字の様子、計算といった部分に違和感が残る場合には、病院内の臨床心理士が諸検査を実施し、保護者の了解を得て情報を院内学級に開示してくれることもありました。そこで、検査の結果をふまえた学習上の配慮や、気になること、伝え方のポイントなどを話し合い、お互いに知り得る情報を交換しながら連携することもありました。このように、医療、心理、教育の分野から一人の子どもを支えていくことが大切です。

3　難治病の子どもたちの教育保障　77

(3) ソーシャルワーカーに期待すること

　院内学級を担当する教師は、先述したとおり、「学習支援をすること」「教育の場を提供すること」が中心的な役割と考えています。病気をもつ子どもたちや保護者とかかわるなかで、どうしても適切なアドバイスができない内容や、相談を受けても返答に迷う内容を投げかけられる場合があります。

　ご両親が外国の方で、日本語の説明が難しく、書類を書くなどの入院に伴う事務手続きが非常に困難なこと、遠方から先進医療を求めて入院中、両親が滞在できる病院付近のアパートやファミリーハウスの紹介、手術後の状態によりバリアフリーの施設で生活が急に必要になった場合、退院後にどんなことが必要で、どこに相談すべきなのか。

　ここで挙げたことはその一例ですが、病気という大きな不安に加え、これまでの生活が一変し、院内学級の教師に不安を吐露する保護者も少なくありません。ソーシャルワーカーには、社会保障面、使える制度について、多方面からの積極的な情報提供を期待しています。特に、病気になったことで今後の進路や将来の過ごし方を変更せざるを得ない場合、金銭的な困難や心配が生まれた場合は、福祉機関など各関係機関との連携をするためのつなぎ役となる人が必要です。

　このように、先の見えない辛い治療や医師、看護師とのやり取りにも不満や不安を抱えた場合の精神的なサポートも必要であると感じます。院内学級でも子ども本人、家族との面談をしたり、悩みを聞いたりすることはありますが、ソーシャルワーカーの視点からの励ましやアドバイスが必要になる場合もたくさんあり、医療と教育、福祉など、病気をもつ子どもたちを取り巻く環境の中で、包括的に彼らを支えていくために、互いの専門性を生かし情報を共有し合う一層の連携協力が求められていると思います。

【参考文献】

　全国病弱養護学校長会（2001）『病弱教育Ｑ＆Ａ　病弱教育の道標』（ジアース教育新社）。

　全国病弱教育研究会（2012）『病気の子どもの教育入門』（クリエイツかもがわ）。

　日下奈緒美（2015）「平成25年度全国病類調査にみる病弱教育の現状と課題」『国立特別支援教育総合研究所研究紀要』第42巻、13〜25頁。

Ⅱ　マイノリティの子どもの心理的・社会的支援

❹ 多様な性を生きる子どもと学校文化

1　多様な性を生きる子どもたち

　LGBTということばを目にする機会が増えたように、今日、多様な性を生きる人びとをめぐる社会問題が注目されるようになってきました。たとえば2015年に行った電通の調査によれば、13人に1人が多様な性を生きる「当事者」であると報告されています。多様な性を生きる当事者のことを、Lesbian, Gay, Bisexual, Transgenderそれぞれの頭文字を取ってLGBTと呼んだり、性的マイノリティと言ったりしますが、LGBTという語を用いることでかえって多様な性が見えにくくなり、Lesbian, Gay, Bisexual, Transgenderそれぞれのステレオタイプなイメージに限定されてしまうことが、問題として挙げられています。また「LGBTマーケット」といったように、多様な性を生きる人びとをめぐる社会問題を人権問題ととらえるまえに、経済効果の観点から安易に考えてしまうことや、「マイノリティ」ということばに否定的なイメージをもつ当事者がいることなども指摘されています。

　このように、多様な性が注目されはじめたものの、社会問題はいまだ山積しているのが現状です。

　では、学校において多様な性を生きる子どもたちはどのような問題に直面しているのでしょうか。学校という場において多様な性を生きる子どもが直面する問題として、まず注目されるのはいじめの被害者という側面と、自殺リスクの高さです。「いのちリスペクト。ホワイトリボン・キャンペーン」が2014年に発表した調査結果によれば、多様な性を生きる子どもの68％が「身体的暴力」「言葉による暴力」「性的な暴力」「無視・仲間はずれ」のいずれかを経験したことがあるといいます。そして、その内訳は「言葉による暴力」が53％でもっとも高いと報告されています。特に、性別違和をもつ男子へのいじめは長期化しやすく、深刻な被害を受ける傾向にあることも示されています。加えて、いじめの加害

79

者は「同性の同級生」とする回答がもっとも多いものの（男性85％、女性80％）、担任教員という回答も12％見られます。

　さらに新井ら（2008）の調査によると、性同一性障害※のある子どもでは69％が自殺念慮を抱いたことがあるとされています。こうした問題については、「LGBTであることを自身で批判的に捉えること、他者から否定的に捉えられることは自尊感情の低下につながりやすい」（薬師、2015）という指摘があり、学校において多様な性を生きる子どもは、暴力の被害者となりうる状況や自殺念慮も含めた自尊感情の低下という問題に直面しているのです。

　　＊アメリカ精神医学会が2013年に発行した『精神疾患の分類と診断の手引き』第5版（DSM-Ⅴ）では、
　　　性自認をめぐる苦悩を疾患ではなく個性ととらえる向きから、「性同一性障害（Gender Identity Dis-
　　　order）」が「性別違和（Gender Dysphoria）」と変更されていますが、本稿ではより認知度が高く、
　　　文部科学省の通知等にも使用されている「性同一性障害」を用いています。

2　学校での対応の課題

　新井らの調査結果を受け、「自殺総合対策大綱」が2012年に閣議決定されました。「自殺総合対策大綱」では「自殺念慮の割合等が高いことが指摘されている性的マイノリティ」の支援が謳われることとなり、こうした動向や、性同一性障害の男児（当時7歳）を女児として小学校で受け入れた兵庫県の事例などにも後押しされ、2010年、文部科学省は「児童生徒が抱える問題に対しての教育相談の徹底について（通知）」を発表し、性同一性障害のある学習者について「児童生徒の不安や悩みを児童生徒の立場から教育相談を行うこと」を求める姿勢を見せました。2014年には「学校における性同一性障害に係る対応に関する状況調査について」という調査報告を示し、606件の事例が報告されました。

　2015年4月には、「性同一性障害に係る児童生徒に対するきめ細やかな対応の実施等について」という通知を告示し、「いわゆる「性的マイノリティ」とされる児童生徒全般」を対応の対象とすることを明示しています。本通知では2012年の「自殺総合対策大綱」を引き合いに出し、「いかなる理由でもいじめや差別を許さない生徒指導や人権教育等を推進すること」を示しています。そして2016年4月、「性同一性障害や性的指向・性自認に係る、児童生徒に対するきめ細やかな対応の実施等について（教職員向け）」という対応の手引きを発表し、性同一性障害のある児童生徒はもちろん、同性愛や両性愛といった多様な性的指向や性自認のある児童生徒への対応を学校現場に求めています。ですが、学校における多様な性を生きる子どもへの対応には課題が見られます。

　たとえば女性として生を受けたリョウコさんは、就学前から自分の性別に違和感があり

ました。保護者に履かされたスカートが嫌で、保育園ですぐに持参したパジャマのズボンに着替えてしまうような子どもでした。リョウコさんの性別への違和は、小学校入学後も続きます。小学校では男女混合名簿であったことがよかったとのことですが、担任の先生は男子児童には「〜くん」、女子児童には「〜さん」と呼名することが多く、自らが「女子児童」として呼ばれる「リョウコさん」が嫌だったと言います。

　いっぽうで、リョウコさんは医療行為を受けて、性別を男性に変えたいというわけではありませんでした。リョウコさんの感覚は、「女性じゃないというだけ。どちらかと言えば男性的かもしれないけれど、そこは自分でもよくわからない」というものでした。リョウコさんは短い髪に中性的な服装を好み、女性でも男性でもない生き方を希望していました。それなのに、中学、高校と進学するにつれて学校では、「で、どっちなの？」と教員から性別を確認されることが多かったと言います。このことに耐えかねて、リョウコさんは保護者の理解のもと、高校在学中に「リョウコ」から「リョウ」と改名しました。しかし、友人たちからの理解はあったものの、教員からはあまり理解を得られませんでした。なお、リョウさんのエピソードはさまざまな事例から構成したもので、特定の事例ではありません。

　リョウさんのような事例から、学校、特に教員の多様な性を生きる子どもへの理解は未だ不十分な状況であることがうかがえます。実際、性同一性障害と教員に関するある調査（中塚、2017）では、「自身が教員になってから性別違和をもつ生徒がいたか」という質問に11.9％の教員が「自身で担任した」と回答していますが、「性別違和感をもつ子どもに実際に対応した」との回答は38.1％、「対応できなかった」という回答は42.9％とされています。そして、学校で性同一性障害の生徒と接したことのある教員だけに「その子どもは悩んでいたようでしたか」と尋ねたところ、「悩んでいなかった」という回答が37％、「わからない」が42.8％であったと報告されています。性別違和のある子どもが悩みも周囲との摩擦もない場合はほとんどなく、教員はおそらく多様な性を生きる子どもの思いに気づいていないか、関心がないのではないかと指摘されています。このように、リョウさんや性同一性障害の当事者など、多様な性を生きる子どもが気になるけれど、どう対応すればよいのかわからないや、そもそも多様な性に関心がないなど、教員に正しい知識や理解が不足しているという課題が見られます。

　いっぽう、学校における多様な性への対応は、性同一性障害に偏っているという課題も指摘できます。たとえば、先に取り上げた文部科学省の一連の動きについても、基本的には性同一性障害当事者への対応を求めるものとなっています。具体的には、2015年の通知には対応の対象を性的マイノリティとしているにもかかわらず、「性同一性障害に係る」という表題が付されている点、2016年発表の教職員向け手引きでは、表題こそ「性的指向・

性自認に係る」という表現を認めるものの、内容は性同一性障害のある児童生徒への具体的配慮や対応がほとんどである点が挙げられます。こうした課題に対しては、次のような批判も見られます。

　「性同一性障害」は扱いやすい。「違和感」を抱えた子どもを見守り、専門家につなぐ、フォローするのであれば教師らしく振る舞うことができる。内面化した同性愛嫌悪に向き合う必要もなければ、（中略—引用者）多数者中心の価値観を問い直す必要もなければ、「誰もが異性と結婚して子どもをもつ」という前提のふだんの会話を省みたりする必要もない。（松波、2016）

　上の批判からも、性同一性障害は支援対象として受け入れられやすく、同性愛や両性愛等は個人の嗜好の問題であり支援対象ではないという誤った見方が、学校には依然存在していることが推察できます。こうした現状では、同性愛者でも両性愛者でもなく、また性同一性障害当事者とも言えないリョウさんへの学校での対応は不十分であったこともうなずけます。
　ここまで述べてきたことを整理すると、文部科学省も含めた学校現場での多様な性への対応は、多様な性への正しい知識や理解が不十分であること、性同一性障害への対応に偏っていることの2点が課題として挙げられます。そしてこれらの課題は、性別二元主義や異性愛主義が学校では自然なこととしてとらえられていることを示唆しているのです。

3 「結ぶ」支援と学校文化の再構築

　以上、言及してきた学校での対応の課題に対して、スクールソーシャルワーカーの立場からはどのような解決方法が考えられるでしょうか。
　ここで、(1)多様な性への正しい知識と理解、また、これらに基づく当事者への適切な対応と、(2)ある性のあり方への対応のみに偏らない学校づくりといった2点から、多様な性を生きる子どもへの支援について考えていきたいと思います。それぞれについて、「結ぶ」という観点から詳しく見ていきましょう。

(1) 多様な性への正しい知識と理解、適切な対応——一人ひとりの知識と理解を「結ぶ」

　「この世には女性と男性、2つの性別しかない」「異性を好きになるのは自然なことであ

る」。いわゆる性別二元主義、異性愛主義と呼ばれる考え方です。そうではなく、性のあり方は多様であるということをまず知識として学校関係者には習得してほしいと考えます。性は、次の3つの点からとらえられます。

① 生物学的な性 ……生物学的な身体の特徴から判断される性。卵巣や子宮、ヴァギナがあったり、性染色体がXXであったりする人を「女性」、精巣やペニスがあったり、性染色体がXYであったりする人を「男性」と見なします。「からだの性」と言われたりします。

② 性自認 ……自分自身を「女性」と感じるか、「男性」と感じるか、ジェンダー・アイデンティティにかかわる自己認識のことです。「こころの性」と呼んだりします。

③ 性的指向 ……どの性別に恋愛感情や性的欲求を抱くかということです。性的指向が存在しない人もいます。また、性的指向は自分で変えることはできないため、「志向」ではなく「指向」と表現します。

インターセックスなど、性分化疾患の当事者は、①の観点と深くかかわっています。性同一性障害の当事者やトランスジェンダーと言われる人は、①と②が一致しないということになります。トランスジェンダーは①と②の不一致、性別違和のある人の総称ですが、トランスジェンダーのなかでも①と②の不一致を医療行為によって解消したいと希望する人を性同一性障害者と言ったりします。性同一性障害は医療用語なのです。そして③に関して、性的指向が同性の人をゲイやレズビアン、両性の人をバイセクシュアル、無性愛者をアセクシュアル、異性愛者をヘテロセクシュアルと呼びます。さらに、①と②が一致している人を、トランスジェンダーに対してシスジェンダーと言ったりします。

このように性のあり方は多様であり、いわゆる性的少数者だけでなく、異性愛者（ヘテロセクシュアル）やシスジェンダーといった性的多数者も多様な性のあり方に位置づけられます。また、どこまでがいわゆる性的少数者で、トランスジェンダーはここからここまで、といったような線引きを行うこともできません。こうした考え方を「性のグラデーション」と言います。さらには最近では、「性のグラデーション」という考え方を反映させて、すべての多様な性のあり方を表すことばとしてSOGI (Sex Orientation and Gender Identity) という語を用いることもあります。

以上のような、性的少数／多数者すべてが含まれた多様な性のあり方を前提に考えると、先に述べたリョウさんには、ただちに医療機関と連携するといった対応は適切ではないことがわかります。リョウさんは、①と②の不一致を医療行為によって解消したいとは思っていなかったためです。もちろん、医療機関や当事者によるピアサポートグループ、

4　多様な性を生きる子どもと学校文化　83

家族の会など、然るべき外部機関への連携が必要なケースもあります。当事者への適切な対応は、やはり正しい知識に支えられるものです。

　いっぽうでリョウさんの事例にあった、「で、どっちなの？」という教員による性別確認行為も無意味だと言えます。リョウさんにかかわった教員が正しい知識をもっていなかったのか、それとも知識はあれども無理解だったのかはわかりませんが、性のあり方は多様であるという知識を習得している教員が増えれば、リョウさんにとって悲しく、苦しい経験が少しは軽減されたかもしれません。ただし、難しいのは正しい知識を習得しても、多様な性のあり方が理解できないという状態です。性同一性障害の知識をもった教員が、「犯人捜し」のように多様な性を生きる当事者を見つけ出そうとすることも指摘されており、正しい知識はつねに理解に「結ぶ」というわけではありません。人が価値観を変えることは決して容易ではありませんが、目の前の子どものためにという姿勢から、正しい知識を理解へと「結ぶ」ための教員等への働きかけが、スクールソーシャルワーカーには求められます。

(2) 多様な性からの学校文化の再構築──子どものニーズから学校文化を「結ぶ」

　先に確認したように、学校の対応は、性同一性障害という一つの性のあり方に偏った動きにとどまっています。性同一性障害の当事者にとっては、トイレや制服、更衣の問題、宿泊研修等に関する事案などが合理的配慮として必要となります。これらの事案は各関係機関と連携を取りながら、当然適切に対応すべきです。ですが、こうした性同一性障害への対応に偏っているということは、想定されやすい問題に対処するという姿勢のみに学校が偏っていると言い換えることもできるでしょう。このような現状ではリョウさんや、同性愛や両性愛等の当事者など、多様な性を生きるすべての子どもへの対応が不十分であると言わざるを得ません。ここで考えたいのが、多様な性を生きる子どものニーズから学校文化を再構築するということです。

　たとえば、多様な性に関する学校での取り組みは、人権教育として行われることがほとんどです。多様な性に関する教職員研修も人権研修会として行われることが多く、子どもたちも、道徳や総合的な学習の時間等を使った人権教育として多様な性に関する知識と理解の習得が促されます。こうした取り組みは非常に重要であり、今後さらに充実するような働きかけが大切です。ですが、取り組みをもう一歩進めて、想定されやすい問題への対処という姿勢をさらに乗り越える働きかけをスクールソーシャルワーカーには期待したいと考えます。

　それは、多様な性を生きる子どものニーズから学校文化を改めて「結ぶ」という働きか

けです。人権教育として行われている多様な性に関する学びを、たとえば各教科へと「結ぶ」働きかけが考えられます。これまでも、保健体育科や家庭科等では教科内容の特性から、性教育や家族に関する学習など、多様な性に関する学びへの挑戦が見られてきました。こうした、多様な性に関する学びへの挑戦を他教科にも拡げられるよう、多様な性と教科内容を「結ぶ」働きかけを行うということです。国語科であれば、ことばづかいの問題は重要な教科内容となります。一人称として「わたし」を使うのか「ぼく」を使うのか。他者への呼びかけに「～さん」を使うのか「～くん」を使うのか。いわゆる女ことば／男ことばと言われるものについてはどうか。ことばづかいと並んで、文学的文章など教材といった、言語文化に入り込んだ性別二元主義や異性愛主義を問い直すことは、国語科の学びとして重要であると同時に、多様な性と教科という学校文化を「結ぶ」こととなるでしょう。社会科だったら、夫婦別姓等の観点から行われる公民の学びを多様な性と「結ぶ」ことができるかもしれません。理科だったら、生物多様性から多様な性のあり方と学びを「結ぶ」ことが期待できます。これまで各教科とは関係ないと考えていた多様な性のあり方を、教科内容と「結ぶ」こと、これまで各教科内容として独立していたそれぞれの学びを、多様な性という観点から「結ぶ」こと、こうした「結ぶ」働きかけによって学校文化はよりよいものに再構築されるでしょう。

　このように、多様な性を生きる子どものニーズを窓口に、各教科をはじめとした学校文化を「結ぶ」働きかけが実現できれば、想定されやすい問題への対処という、性同一性障害当事者に偏った対応だけでなく、多様な性を生きるさまざまな子どもへの対応・支援が見えてきます。国語科における一人称や他者への呼びかけに関する学びは、リョウさんにとって自らの違和感を少しだけ軽減する時間になるかもしれません。そしてそれはリョウさんだけのことではありません。たとえば、ゲイであることを周囲に必死に隠すがゆえに、必要以上に乱暴なことばづかいで友人を威嚇し、そんな自分にうんざりしているアキラさんとその周囲への支援へと、直接的にも間接的にも取り組みを「結ぶ」こととなるでしょう。想定されやすい問題としてはとらえられにくい、同性愛者であるアキラさんへの対応としても、多様な性を生きる子どものニーズから学校文化を改めて「結ぶ」。こういった取り組みは、実は学校内部の人間には難しいという状況もあるように思われます。特に中学校や高等学校は教科担任制であり、自らが担当する教科とその他の教科を「結ぶ」という観点をもちにくい傾向があります。各教科を含めたさまざまな教育活動を「結ぶ」観点は、学校内部では気づきにくいときがあるのです。こうした現状をふまえ、学校外部から子どものニーズに沿って学校文化を改めて「結ぶ」、再構築するという働きかけをスクールソーシャルワーカーのみなさんには今後ますます期待したいと考えます。

【引用参考文献】

新井富士美・中塚幹也・佐々木愛子・安達美和・平松祐司（2008）「性同一性障害患者の思春期危機について」日本産婦人科学会編『日本産婦人科學會雑誌』60（2）：827。

いのちリスペクト。ホワイトリボン・キャンペーン、平成二五年度東京都地域自殺対策緊急強化補助事業（2014）「LGBTの学校生活に関する実態調査（2013）結果報告書」。

薬師実芳（2015）「LGBTの子どもも過ごしやすい学校について考える」早稲田大学教育総合研究所監修、金井景子・薬師実芳・杉山文野『早稲田教育ブックレット13 LGBT問題と教育現場—いま、わたしたちにできること』学文社：5-26。

中塚幹也（2017）『封じ込められた子ども、その心を聴く—性同一性障害の生徒に向き合う』ふくろう出版。

松波めぐみ（2016）「多様性を隠してきた学校を変える」『季刊セクシュアリティ』74：6-15。

Ⅱ　マイノリティの子どもの心理的・社会的支援

❺ 外国にルーツをもつ子どもたち

1 差別事象がきっかけに見えてきたもの

⑴ 子どもの発言の背景にあるもの

　教職員研修の講師依頼を受けた中学校では、その数週間前に差別事象が発生していました。日本人生徒によるフィリピン出身生徒への暴言でした。「お前なんかフィリピンに帰れ」。見逃してならない差別事象と認識した教員たちが、問題意識の捉えなおしのために私を講師として招いたのでした。私は全校教員たちに語り掛ける前に、出来事について詳しく聞かせてほしいと頼み、そのミーティングをもってもらいました。

　出来事の顛末はこうでした。フィリピン出身の男子生徒に対して、同じクラスの女子生徒が放った問題発言だったのです。その事実を知った学年では、当事者の子ども、そしてそばにいた他の生徒たちへの聞き取りから事実経過の確認を行いました。

　私が学校を訪問した時点では、すでに一連の聞き取りが終わり、発言した生徒、された生徒の両方の保護者にも経過説明が行われていました。ミーティングで教員たちは、事象の重大さを口にし、再発防止に何が必要か自問しながら、私に助言を求めてこられたのです。子どもに寄り添おうとする姿勢が見て取れ、先生たちの問題意識は低くないと感じました。一方、私はいくつかの点について問いかけました。

　まずは、差別発言を行った生徒の語りから見ていきます。なぜフィリピン出身生徒に「帰れ」などと発言したのか、その理由について女子生徒は「あの子が先に私に向かってエイリアンと暴言を吐いた」と語ります。フィリピン出身生徒からも聞き取り、事実であることがわかりました。中学生の多感な時期に、容姿をからかわれるとなると、強い口調で対抗したくなる。女子生徒ならなおのことであろうと察することができました。ただ、外国ルーツのある人に「国に帰れ」の暴言は、決して看過できるものではありません。この手

87

の憎悪言動は過激化していく危険性を孕んでもいます。結局、二人は互いに心を傷つける発言の応酬をしていた様子がうかがえ、教員たちは双方に人権侵害発言だとの理解と、その時の不快な気持ちを振り返らせることで、そこから何か学びとらせようと語りかけていました。

さらに女子生徒のもうひとつの発言に私は注目しました。女子生徒はこうも証言します。「ほかの子から言われるのはいいが、この子からは言われたくなかった」と。この子とはフィリピン出身の生徒を指しますが、容姿へのからかいを「ほかの子からはいい」と語ったことについて教員たちになげかけました。「そう発言しているが、本当にそうだろうか？　もしかすると、からかわれても抵抗できないほど、クラスの人間関係の下位にこの女子生徒は立たされているのではないか。自分よりもさらに下位にあると認識するフィリピン出身の生徒からのからかいには、過剰なほどの対抗を見せたのではないか」と指摘しました。

差別発言も深刻ならば、クラスの中に形成されてしまっていた優劣の序列も深刻です。この構図を正しく見抜いていかないと、歪んだ力関係は温存され、対象者を変えながら同様の事象が今後とも続いていくことになるのではないかと。

この中学校の教員たちにもうひとつ問いかけました。それはフィリピン出身の生徒の家庭環境についての理解です。フィリピンで育ち、母親に呼び寄せられて、小学校高学年で渡日してきた男子生徒でした。滞在歴が4年近くに至り、一定程度の日本語会話はできたものの、学習言語は伴っておらず、学力は極めて低いものでした。学校でのトラブルも絶えず、生活指導の対象になることも頻繁でした。「エイリアン」発言も軽率に面白がって発信したものであり、彼にしてみれば「ほかの子が言っているから」との意識だったようです。学校は生徒の現状を心配しながらも、関わり方を定めきれないまま、生活指導に追われていたと言えます。

⑵ 外国人家庭固有の困難は視野に入っているか

他方、教員のなかからこんな発言もありました。「家庭の支えがない」「母親と過ごす時間が短い」「離婚と再婚を繰り返している」。学校から見れば、「子どもの荒れ」の原因は家庭にあると言いたかったのだろうと思います。私はそこに反応しました。まず教員たちに家族関係について聞きました。そして母親の仕事は？　母親の日本語の能力は？　生活の困窮度は？　などです。さらに、生徒の在留資格についても聞きました。矢継ぎ早な質問に、教員たちは戸惑っていました。家庭の不安定感が学校不適応の原因だという意見に、私も一定同意しました。ただ、外国人家庭が陥りやすい困難とは何か？　または在日フィ

88　第2部　ひとりの子どもも見のがさない支援の創造

リピン人を取り巻く状況について？　などの問いにほぼ答えられない現状で、教員たちが十分に生徒を理解できているとは思えなかったのです。

　在日フィリピン人は女性の人口比率が極めて高いこと。多くが芸能活動目的の興行ビザで来日し、実際には歓楽街のホステスとして働いてきたこと。2005年3月の審査厳格化までそれらは続き、悪質なブローカーも介在するなか、人権侵害と背中合わせの劣悪な状況が蔓延してきたことを説明しました。

　生徒の母親も上記ケースにあたることがわかりました。歓楽街で日本人男性と婚姻し、在留資格を配偶者ビザに変更していました。生徒は母親の前夫である日本人男性との子どもであったが、実父は認知を拒んだため日本国籍を得られず、フィリピンの親戚に預けられ、小学校高学年でやっと母親と暮らすことができました。生徒の在留資格は家族滞在。母親の在留資格と連動するものです。

　＊2009年1月1日から、父母のどちらかが日本人で、かつ婚姻状態になくても、20歳までなら、出生前に加え出生後認知でも日本国籍の取得が可能になった。また、自らの戸籍に登載されることを嫌がって認知を拒むケースが多かったことから、単独戸籍がつくられるようになり、父母どちらかが日本人の場合の日本国籍取得は適用が広がっている。

　母親の離婚、再婚の繰り返しを学校は否定的に見ていましたが、日本で母子が暮らそうと思えば、より安定的な在留資格を求めるのは当然で、中期滞在で就労制限のない在留資格の取得は切実なものでした。そのため無理にでも婚姻を維持するしかなく、そんな結婚生活で、幸福を得られることも無理でした。DVも経験していました。結婚生活が破たんしても、また自らをなげうってでも、誰かの配偶者になるしかなかったのです。

　教員たちの外国人家庭の社会的環境への知識は薄かったと言えます。ビザの問題、日本語能力の問題、就労の選択肢が狭い問題、母国とのつながりなど、日本人の目からは理解できない、在日外国人ならではの課題が見えていませんでした。言わば、「自立度が低いため」と渡日の子どもの荒れの原因を家庭に押し付ける目線こそが、このフィリピン出身生徒の学校生活を窮屈にさせていたのではないでしょうか？

　幸いにも、私の問いかけに教員たちはしっかり耳を傾けてくれました。教員研修の終盤で、先生たちの意見表明が続き、子どもたちの目線やマイノリティの視点に欠けていたこと、子どもたちの社会を正しく見抜き、押しのけられている、または押しのけられやすい子らの存在をしっかりキャッチすることなどが語り合われました。そして、子どもたちの声をより丁寧に拾っていくため、担任のみならず教員全体が連携して何か変化に気づいていこうと決意され、フィリピン出身の生徒についてもう一度生い立ちや家庭での様子、親の困難を丁寧に聞き取って、学校としてできることを模索しようと提起されました。そのためにもさっそく家庭訪問に行きたいとの表明がありました。

5　外国にルーツをもつ子どもたち

外国ルーツの子どもの教育課題は、一部地域の特別な課題ではなくなっています。社会の中で孤立せず、学力をつけ、自らで進路を切り開いていけるよう、彼らの可能性を引き立て、力を伸ばしてあげられる教育支援が必要です。そうした試みにかかわり、大阪の事例からヒントを探し出してみたいと思います。

2 「民族学級」から学ぶもの

⑴ 学校で試みられた外国ルーツの子どもたちの福祉的支援の始まり

全国でも珍しい在日外国人の子どもの支援形態に、大阪の公立学校における「民族学級」（名称は多様。総称で使用）があります。「民族学級」の歴史は省きますが、1948年の朝鮮人学校強制閉鎖に端を発した阪神教育事件を背景として生まれたものです。直後には、大阪府内をはじめ全国77か所の小中学校で設けられましたが、現在は大阪府内、京都市に残り、北九州市、愛知県岡崎市には国際交流学級の形態で存続しています。

「民族学級」は、コリアルーツの子どもたちの自尊感情回復と、学校における少数の立場の子どもたちの居場所づくりの取り組みです。公立学校に学ぶ外国ルーツの子どもたちの支援方法としては、全国に先んじた教育支援です。その有効性について考えてみたいと思います。

大阪市は政令指定都市の中でもっとも外国籍人口が多く、大阪市の総人口2,691,425人のうち外国籍人口は125,443人で人口比率4.66％をしめています（2017年1月現在）。外国籍人口の中で在日コリアンがもっとも高く、約57％を占めます。多国籍化により存在感が薄れつつあるコリアンですが、大阪市ではまだ目立つ存在だと言えます。大阪市の中で集住度の高い行政区が生野区、東成区、平野区、西成区と続きます。これらの区には大規模な集住地域があります。ただ、帰化による日本国籍取得者、国際結婚によってその間に生まれてきた二重国籍者、出生時点からすでに日本国籍をもつコリアンなどは外国籍カウントには含まれないため、実際には現れる数値よりもより高い水準だと考えられます。「民族学級」でも、すでに日本国籍をもつコリアルーツの子どもたちが多数派になってきています。

大阪市立小中学校420校のうち106校に「民族学級」が設置されています。「民族学級」は総称で、学校によって呼称は多様です。常勤身分で指導にあたる民族学級講師が8名おり、さらに非常勤嘱託身分で指導にあたる講師が15名。ほかに時間単位で指導にあたる講師が若干名います。「民族学級」でなんらかの民族教育を受けている子どもの数は1,700

人にのぼります（大阪市教育委員会に2016年1学期末に提出された民族学級・民族クラブ設置校の指導報告書からの集計）。

　公立学校に学ぶ外国ルーツの子どもたちの固有のアイデンティティ育成のために、行政が人員を配置している事例としては、大阪府内の一部自治体を除いて全国で他に例はなく、とても珍しいです。日本政府は、国際人権諸条約の履行監視機関の審議で、政府による外国人の教育支援実例として紹介し、外国人の人権に配慮していると宣伝しています[**]。

　＊＊2004年国連子どもの権利委員会の日本政府報告書審査で、コリアンの子どもたちが自国の言語文化へのアクセスが限られているとの委員の指摘に対し、日本政府は大阪市の「民族学級」の事例をあげて反論した。

　「民族学級」では、授業の最終講時後を活用してコリアルーツの子どもたちを対象に、週に1回程度、朝鮮半島の言葉、文化、地理、さらには家族の渡日史学習なども取り組みます。また、民族楽器演奏や舞踊披露、民話劇などの学習成果を学内で発表する機会も設け、学校全体の国際理解学習にも貢献しています。指導にあたる民族講師は大阪市教委が契約し、教育効果をあげるためコリアン当事者（国籍は多様）が選ばれています。また民族講師は、課内の授業補助などにもあたり、年間計画に基づく体系的な国際理解学習の援助者として学校全体の学習活動にも関与します。

　最近では、さまざまな外国ルーツの子どもたちが在籍するなどし、その子どもたちの教育支援に民族講師の経験が活用されるなど、専門者としての役割は広がりを見せています。大阪の公教育における国際理解学習の推進に欠かせない存在として学校現場、教育行政からも重要視されています。

(2) 民族学級に対する「閉鎖性」の指摘から見えてくること

　一方、「民族学級」について否定的な意見も見られます。もっとも顕著な意見に、「民族学級」の閉鎖性を指摘する声があります。コリアンの集住地域で、区内すべての中学校と、一部をのぞいたすべての小学校に「民族学級」が設置されている生野区においても、その批判は少なくなく、保護者や教員、地域の中からも出てくることがあります。「民族学級」の入級対象をコリアルーツのある子どもに限ることへの疑問が背景にあるようです。

　ある学校で、「民族学級」を日本人の子どもたちにもオープンにして、ともに学ぶべきだとの批判が保護者からありました。この批判は韓国籍の保護者によるものでした。このご家庭は日韓の国際結婚で、子どもさんの入級を誘う過程で発せられた発言でした。オープンにならなければ我が子を入れないと学校に迫ったのでした。

　また、ある学校では、子どもを民族学級に入級させつつも、保護者会や学校懇談会の席

5　外国にルーツをもつ子どもたち　91

上、民族学級の対象を広げて日本人の子どもたちもいっしょに学んだほうがいいと意見を述べた保護者がいました。この保護者は「まわりから民族学級が「閉鎖的」に見られるのは回避したほうがいい」とするまわりの日本人との摩擦を心配しての意見でした。

こうした意見について学校は、担当する教員（民族講師、クラス担任や外国人教育主担者、さらに管理職が対応にあたることが多い）らが保護者の思いに耳を傾けつつ、○民族学級が歴史的にコリアルーツを対象に取り組んできたこと、○韓国朝鮮に関わる学習は通常の授業でも取り組んでおり日本人の子どもたちの学ぶ機会は確保できていること、○コリアルーツの子どもたちの仲間づくりに着目して取り組んでいることなどをあげて、説明が試みられました。しかし、保護者の反応はいまいちで、納得を得られたとは言えなかったようです。なかには、保護者の「なぜ」に同調した教員から「いっしょに学んだほうがよくないか」と学校方針の変更を促す声が出てくるなど、教員間での意志一致も揺らぎ始めるなど少し混乱したようでした。

上記の2件は直近の事例ですが、私が「民族学級」に携わってきた1995年以降、「民族学級」に対するこの議論は繰り返されており、実は新しい指摘ではなく古い問題でもあったのです。

⑶ 「民族学級」の目的と、その効果ある方法とは？

これらの批判に効果的な対応法はないかという相談が、私のところに増えています。そんなこともあって、最近は意識して民族学級設置校の教員研修に出かけ、学校関係者との意見交換の機会も日常的にもつようにしています。

私は、「民族学級」を学校における福祉的支援のひとつだと考えています。前で触れたように「民族学級」の教育活動の目標は、マイノリティの子どもの自尊感情の回復であり、その子どもらの居場所づくりだと述べました。であるならば、その目標に即して、もっとも効果的な手法が取られるべきです。私が福祉的支援だと捉える理由は、福祉現場で試みられているグループワークの手法に「民族学級」が類似しているからです。ピアサポートやピアカウンセリング、つまり背景、境遇、痛みを共有する者どうしの関係構築が、自尊感情の回復や、当事者らの安心と安全の居場所につながるという理解です。

私がグループワークに興味を持ったのは、映画『LIFERS　ライファーズ　終身刑を超えて』（坂上香監督、2004年制作）を通してでした。この映画は、カリフォルニア州のドノバン刑務所を追ったドキュメンタリーですが、凶悪罪を犯した終身刑、無期懲役の服役囚たちが登場します。その彼らが、人間性回復のプログラムの参加を通して、変化していく様子が克明に記録されています。そこでグループワークが取り組まれているのです。

服役囚たちは最初、白けムードでしたが、回数を重ねるうちに少しずつ変化が表れます。スタッフは進行役を担うのみ。いくつかのルールを確認したあとは、服役囚たちが自由に語り合います。すると語りに触発され、順々に服役囚たちは自分の生い立ちを話しはじめるのです。その過程で、強面の男たちがまるで少年のように泣き崩れ、卒倒する場面が映し出されます。仲間たちが「つらかったろう」「お前はここまでよくがんばった」と励まし、共感を示す。犯罪者となり服役する彼らもまた幼少期に、人種差別、性差別、貧困、虐待によって深い傷を負っていた当事者だったのです。その傷を覆い隠すために虚勢を張って生き、犯罪にも手を染めてしまったのです。グループワークを通してその奥深い傷と初めて向き合い、過去の封印を解くことで、人間性回復のきっかけを得ていきます。服役囚たちはこのグループワークを「サンクチュアリ」と表現します。共感しあい、孤独でないことを知り、もっとも安心で安全な場所の意味でこの言葉が使われていました。

　刑務所の事例を持ち出すまでもありません。グループワークは、福祉や自立支援の現場で幅広く導入されています。DVや児童虐待の被害を受けた人びと、断酒会、自死で家族を失った遺族会などです。

　2014年に亡くなられた全盲の視覚障碍者で、DPI日本会議副議長を務めた楠敏雄さんは生前、ご自身の講演の中でこう話しています。「視覚障碍者の仲間たちが集まると、君よりも僕のほうがほんまもんの、めくらやなどと言い合うんです」と。楠さんの話から差別発言が飛び出したことで、聴衆は一瞬緊張します。しかし、楠さんはこう続けます。「つまりひどい差別語もブラックユーモアにして笑い飛ばせる、暗黙の安心感が仲間たちの集まりでは自然に生まれる」と語られました。

　例えば、その輪に私が加わることは可能か。あるいは、DV被害や児童虐待の被害経験者のグループワークに、私などの非体験者が加わっていいか。加わる瞬間、おそらくそのグループワークのねらいや効果は変質することでしょう。少数者と多数者との間で生じる有形無形の力関係を重視すれば、自尊感情の回復や居場所づくりのためのグループワークには、同様の背景や近似体験者に参加を限定したほうが効果はあがります。そうした臨床事例の積み重ねが福祉や自立支援の現場には存在しています。

3　子どもの背景に迫り、ニーズから支援を考える

　大阪市の「民族学級」はこの手法を活用しています。その場（所）がめざす目標に合わせてもっとも効果的だとする対象の組み合わせをしているわけです。「民族学級」のみならず、学力向上のために習熟度別学習で、到達度に合わせて小グループ化したほうが子ど

もたちは学びやすいです。障碍のある子どもたちが特別支援学級を「居場所」として、学校活動に参加する事例もそれにあたります。

「民族学級」が外国ルーツの子どもたちの固有の教育課題に合わせた支援形態であるとすれば、そのめざす効果に忠実な手法の導入が必要です。効果の観点から必要と判断されれば対象者を限定すべきで、日本人の子どもたちとの共同学習のほうが効果的だと判断すれば対象は開くほうがいい。大阪市の「民族学級」は、まさに子どもの成長や発達に立脚して、その効果に基づいて多様な形態を採用しています。

こうした支援法も子どものニーズの把握なくしては難しいものです。最近私が懸念することに、プライバシーに触れてはならないという一辺倒の理解が学校現場にも強くなりはじめていることです。個人情報の扱いに慎重であることは当然ですが、学校教育が子どもの背景に迫れなくなると、さまざまな問題の本質を見抜けず、課題が顕在化したときには重篤になっているケースが目立ちます。

コリアンの親が民族的背景に触れて「そっとしておいてほしい」「うちは大丈夫だから」「触れないでほしい」と言ったとして、「親の意向を尊重する」「当事者の気持ちに配慮する」などの口実のもと、小学校6年間、中学校3年間、高校3年間、一切民族的背景に触れなかったなどとするケースは珍しくありません。少数者が、社会との関係性の中で感じ取る緊張を多数者に理解してもらうことは容易ではありません。もし理解が得られなければ傷つくのは自分です。だから期待しない。期待しないから、無気力な言葉が零れ落ちます。「尊重する」「配慮する」という聞き触りのいい言葉で、結局は学校が少数の立場の子どもの存在を放置してはいないでしょうか?

学校教育は、マイノリティがいる、被差別者がいる、押しのけられやすい子がいる、その前提から出発しなければなりません。少数者にとっての不利な立場とは何か、その位置から発せられたつぶやきや言葉の裏側に何があるか、まさに学校教育の感性が問われています。大阪の「民族学級」は、中国やフィリピン、さらに多民族の「民族学級」へと広がりつつあります。「民族学級」の事例が、多様な民族的文化的背景をもつ子どもたちの教育支援のモデルケースとして活用されるよう期待しています。

Ⅲ 「いじめ」をめぐるアプローチ

❻ いじめ被害からの回復と学校復帰

1 いじめ問題の現状

　最近、私の身近なところでも、いじめ問題の第三者委員会が設置されたという話をよく耳にするようになりました。大津市で起きた中学生のいじめ自死事件をきっかけに、いじめ防止対策推進法が制定され、いじめは許されないものであり、学校全体で取り組まなければならないものという認識は、徐々に広まりつつあると感じています。

　しかし、いじめに対する認識が広まった今でも、被害生徒が不登校となり学校に戻れないケースや、転校や退学を余儀なくされるというケースも少なくありません（無論、最悪のケースは自死です）。もちろん、加害生徒の人権への配慮は忘れてはいけませんし、そこからくる制度的な限界でやむをえないこともあるでしょう。ですが、そういった制度的限界とは別に、被害者を取り巻く周囲の無理解によるケースもまだまだあるように感じます。

⑴ A子のケース

　以前、私がかかわった子に、当時中学生だったA子という女の子がいました。A子は、友だちだったはずの仲間からひどいいじめを受けていました。教科書を破られる、「死ね」と書かれる、着替えを隠される、水を掛けられる、汚いモップを押しつけられる、金品を要求される、集団で一方的に殴ったり蹴ったりされる……想像できるいじめ行為は、ほとんどすべてと言っていいほど受けていました。

　最終的には、万引きを強要されたA子が、万引きをしようとして店員に見つかってしまい、それがきっかけとなってA子に対するいじめが発覚しました。

　A子は、これだけひどいいじめを受けていたのに、このようにして発覚するまで、自分

がいじめを受けているとは誰にも言いませんでした。「いじめを受けているんじゃないか」とＡ子に尋ねた教師もいたそうですが、Ａ子は否定しました。Ａ子の親も、Ａ子の痣などに気づいたとき「どうしたの？」と尋ねたことがありましたが、Ａ子は「転んだだけ」などと言ってごまかしていました。

(2) いじめを訴えない子どもたち

　Ａ子に限らず、ひどいいじめを受けているのに自ら助けを求めなかったり、いじめを否定したりする子はたくさんいます。いじめ防止対策推進法に基づき制定されたいじめの防止等のための基本的な方針においても、「いじめられていても、本人がそれを否定する場合が多々ある」と指摘されています。

　子どもたちがこのような行動に出る理由については、仕返しを恐れてとか、心配をかけたくないとの思いからなど、いろいろ言われていますが、実際のところは、子どもの数だけ理由はあるものと思います。年齢的・能力的な限界や思春期特有の心理が邪魔をして、自分の思ったこと、感じたことがきちんと言葉にできないこともあります。大人からの声掛けに強がりで「なんとも思ってない。うるせーんだ！」と言い切った子もいました。いじめそのものがもつ、自尊心・自己肯定感を破壊する力によって、「自分が悪い」という思いにとらわれ、「いじめとは思っていない」と答えてしまった子もいます。

　私は、弁護士という職業柄、いじめを受けた子とかかわる場合でも、いじめ体験からある程度、時間が経過した後に話を聞くことが多いのですが、どんなに強がっている子でも、先生に気をかけてもらって嫌だったという子には会ったことがありません。むしろ、よく聞くのは、「平気とは言ったけど、先生にだけは気づいてほしかった」「先生だけは気づいてくれると信じていたのに助けてくれなくて悲しかった」という話です。

　いじめ防止ということを強調しすぎると、「防げるはずだ」「こんなに一生懸命対策したのだから、起きるはずがない」という思いがどうしても生まれると思います。しかし、いじめも犯罪と同じで、人と人との間で生まれる事象である以上、限りなく少なくしていくことはできても、完全にゼロにすることは不可能だと私は思っています。まして、成長過程にある子ども同士の関係であれば、なおさらです。けれども、早期発見・早期対応に努めることで、いじめによる重大な結果は防ぐことができると思います。

　訴えがないから、否定したからと介入の機会を逸し、その結果、子どもが学校の外にまで追いやられるような状況を作ってしまわないことが、まずは何より大切ではないでしょうか。

96　第2部　ひとりの子どもも見のがさない支援の創造

2 いじめ被害からの回復に必要なこと

(1) いじめ発覚後のA子の状態と学校の対応

　いじめ発覚後、A子は学校を休むようになりました。その頃、A子には、眠れない、食べられない、些細なことでイライラする、とっくに治っているはずの外傷部分が痛み出す、学校の制服やジャージを見ただけで気分が悪くなるなど、さまざまな症状が出ていました。A子は、外に出ることはもちろん、家の中でも引きこもりがちになって、人と接するのを極端に嫌がるようになりました。突然「死にたい」と言って泣き出すこともありました。A子の主治医は、A子の症状は、いじめ体験からくる重いトラウマ反応だと言いました。

　自分の子どもがこんな状態になって、心配しない親はいないでしょう。ここまで子どもを追いつめた加害生徒、早期発見できなかった学校に強い怒りを覚える親も少なくないと思います。A子の親もとても心配し、とても怒りました。とても怒っているA子の親を前にした校長先生は、「お父さん、お母さんの気持ちはよくわかります。安心してください。加害生徒は無期限で出席停止とします。学校には戻しません」と言いました。しかし実際は、その後、A子やその親には内緒で、学校は加害生徒をこっそりと教室に戻していました。

(2) 学校の安全が壊れる衝撃

　「このような行為は不適切だが、単なる説明ミスに過ぎない」と思われる方もいるかもしれません。しかし、ことはそんなに簡単なものではないと思います。「いじめ」とは、本来最も安全な場所であるはずの学校で、安全が守られなかったという事態です。この当然の「安全」が壊れるという経験がもたらす衝撃は、私たちが想像している以上に深刻なものです。

　たとえば、私たちが近所を散歩するとき、びくびく警戒しながら歩くことはまずないでしょう。しかし、その場所がお化け屋敷だったらどうでしょうか。一歩踏み出すのも不安で、ちょっとの物音にも過敏に反応したりしないでしょうか。近所には「安全」という認識が無意識に働いているのに対し、お化け屋敷はどこから何が出てくるかわからない、つまり「安全」という認識がありません。学校でいじめを受けた子たちの様子を見ていると、いじめ体験によって学校の「安全」という認識が破壊され、あたかも学校がお化け屋敷と

6　いじめ被害からの回復と学校復帰　**97**

同じくらいの不安と緊張を余儀なくされる場所になってしまっているように感じることがよくあります。

このようにして一度「お化け屋敷」になってしまった「学校」が、再びいつもの「学校」に戻るためには、「今日も危険なことが起きなかった」「先生たちの言ったとおりだった」という体験を積み重ね、安全に対する感覚を作り直していくしかありません。「本物のお化けは出ない」と頭でいくらわかっていてもお化け屋敷が怖いのと一緒で、「もういじめは起きない」と頭でわかっていても、すぐには不安や緊張がなくならないときもあるのです。

A子の校長先生がとった行動は、A子の安全に対する感覚をより破壊しただけでした。「学校はやっぱり信用できない」「安全だなんて信じられない」というA子の思いを強めてしまったのです。たとえて言うなら、「学校」を「普通のお化け屋敷」から「日本一怖いお化け屋敷」にしてしまったのです。最もあってはならないことでした。

(3) 保護者のダメージ

「世の中にはモンスターペアレントと呼ばれるような保護者もたくさんいる。A子の親の態度にも問題があったのではないか」と思われる方もいるかもしれません。たしかに、問題のある保護者がゼロだとは私も思いません。しかし、子どもがいじめを受けた場合、親自身も相当傷つき、混乱しているということを念頭に置く必要があります。特に、子どもに精神疾患の症状が出ているときは、親自身も相当なダメージを受けていることがよくあります。温厚だった子どもがまるで別人のように怒りっぽくなって、些細なことで怒鳴ったり暴れたりするようになったり、悲観的なことばかり言って死をほのめかす言動をとったりすることがあるからです。そんな子どもの言動に振り回されて疲弊したり、こうしている間にも子どもがよくないことを考えるのではないかと不安に陥って一睡もできなくなったりした親を私は何人も知っています。また、被害者家族の一般的な心理状態として、異常なまでの怒りが生じることもあるそうです。その結果、ふだんは温厚で良識的な方なのに、非常識ともとれるようなことを口走ったり、声を荒らげてしまったりしてしまうこともあるように思います。

しかも、責任感の強い方ほど、そういう傾向があるように感じます。「こうやって相手の文句ばかり言っていますが、本当は私は自分が一番許せないんです。どうしてもっと早く気づいてやることができなかったのか。そうしたら、あの子はこんなに苦しまないで済んだのに。自分自身を責めない日はありません」。学校や加害者に強い怒りを口にされている方が、あるとき、ぽろっとこのように述べて涙を流す。そういう姿を見たのは一度や

二度ではありません。いじめがあった場合、その保護者をモンスターだと決めつける前に、親も子も相当に混乱しているということはを、ぜひ理解しておいてほしいと思います。

そのうえで、被害を受けた子どもが学校に戻れるようになるために、次の3点が大事だと思っています。①絶対に守るという姿勢。しかし、②できないことをできると言わないこと。反対に、③できることを調べもしないで、できないといわないこと（仮にまちがった説明をしたときには、誠実に間違いを認め訂正すること）。

①は失われた安全を取り戻すこと、②③は失われた信頼を取り戻すことです。時間はかかるかもしれませんが、結局、これがいじめを受け、学校の外に追いやられてしまった子どもが、最も早く学校に戻るために大切なことだと思います。

3　子どもの権利と真の被害回復

A子の症状は、その後も行ったり来たりを繰り返しました。それは、学校を休むようになって数か月経っても変わりませんでした。しかし、そのような状態でもA子は「学校に戻りたい」と言いました。「このまま不登校のままで卒業したら負けたことになる」と言うのです。一方、A子の親は、二度と学校に戻す気はないと言いました。A子の体調が心配なのと、学校が信頼できなくなっていたからです。

こういう場面に直面したときの判断は、かなり分かれるのではないかと思います。子どもの保護や安全を第一に考える人は、「子どもの気持ちはわかるけど、子どもは現状を十分理解できていない。子どもを説得し、諦めさせるべきだ」と言うかもしれません。しかし私は、次のように考えました。

――もし、A子が自分の意思で決定し、その結果として学校に戻ることができたら、自分でこの問題を乗り越えたという経験がA子に自信をつけ、回復するきっかけになるだろう。でも、もし失敗すればA子の自信や自己肯定感は、それこそ粉々になって二度と立ち直れなくなるかもしれない。だとすれば、私たち大人がなすべきことは、A子に自分で乗り越えた成功体験を得させるために、A子をサポートしてできるだけ失敗のリスクを小さくしてあげることではないか。

先に述べたとおり、いじめには相手の自尊心や自己肯定感を破壊するという力があります。いじめ行為は、単に相手に肉体的、精神的な痛みを与えるだけではなく「おまえは価値のない人間」というメッセージを含みます。そのことによって、その子の自尊心や自己肯定感を破壊していきます。いじめを繰り返し受けた子は、自信を失い、自分の存在価値

や尊さがわからなくなるのです。まわりから見れば明らかに相手が悪いのに「自分が悪い」と思い込んだり、最悪の場合「自分には生きている価値がない」と思い込んで自死に至るというケースもあります。

　ですから、本当の意味でいじめ問題を解決したと言うためには、単にいじめ行為を止めたり、被害生徒が学校に来られるようにするだけでは不十分です。いじめによって低下した自尊心や自己肯定感を回復させるところまでやり尽くして初めて、すべて解決したと言えるのではないかと私は考えています。

　さて、それでは子どもの自己肯定感を回復させるためには、どうしたらよいのでしょうか。ある子育てに詳しい精神科医は、こんな話をしていました。

　「子育てでいちばん大切なことは、子どもの自己肯定感を育てることです。そのための最も優れた子育てマニュアルは子どもの権利条約ですよ」

　子どもの権利条約を詳しく説明することは難しいので省略しますが、いちばん重要なポイントは、子どもを権利の主体として捉えることです。「権利の主体として捉える」とは、子ども自身にも意思や考えがあって、さまざまな権利を子どもが自分で考えて使うことができるということです。とはいえ、子どもは知識も経験も未熟です。一人では適切に権利行使できない場合もあります。そのため、子どもの主体的な権利行使を大人、特に親がサポートしましょうというのが子どもの権利条約の大事な考え方なのです。

　たとえば、子どもの権利条約の中に書かれている権利の一つに意見表明権があります。これは、子ども自身に関することは、子どもにも意見を言う権利があるというものです。もちろん、子どもの権利条約は、子どもが言ったとおりにしなさいと言っているのではありません。子どもの意見も聞いたけれども、やっぱりそれとは異なる結論とするという場合も当然ありますし、それはそれでよいのです。しかし、子どもが自分で考え、伝え、それもきちんと考慮されたうえで結論が出され、その結果についてもきちんと説明を受けるという過程が大事で、そのことを通じて子どもは自分自身にも価値があることを体得し、本当の意味での成長と自立を得られるのです。

　いじめを受けた子の自己肯定感を回復させる作業も、基本的には子育てにおいて自己肯定感を育む過程と同じではないかと思います。もちろん、いじめの有無にかかわらずどの子にも子どもの権利条約に則った対応は大切ですが、特にいじめを受けた子に対する対応としては、このことを意識する必要があります。

4 被害者心理に対する理解

(1) 卒業式出席を目標にして

　学校に戻りたいというＡ子の思いに対する主治医の意見は、「Ａ子にとっては『学校』という場所そのものが恐怖の対象となっていて、普通に学校に戻ることは難しいと思われる。だが、卒業式だけでも出られれば、Ａ子がいじめを乗り越え、回復する力になるだろう。そのためには少なくともＡ子が学校にいる間は、加害生徒が学校内には絶対にいないという環境が不可欠である」というものでした。

　私は、Ａ子や保護者とよく話し合い、卒業式出席を目標とすることにしました。そのためには、学校の協力が不可欠です。しかし、学校側の対応は非常に冷たいものでした。学校側は「いじめが止んで数か月も経つのに、一体何を怖がっているのか。加害生徒はもうやらないと言っているんだからいいじゃないか。学校や加害生徒に対する嫌がらせとしてそんなことを言っているのではないか」と言わんばかりでした。

　いじめに限らないことですが、被害を受けた人の心の傷について、一般的な理解は必ずしも十分ではないように感じます。たとえば、トラウマ反応の一つに回避症状と呼ばれるものがあります。これは、トラウマ体験と関連するものやトラウマ体験を思い起こさせるものを持続的に避ける行動であるとされています。しかも、その回避したいという思いの強烈さは、なかなか周囲には理解されにくいと言われています。高校でいじめを受けていたある子は、いじめから２年以上過ぎ、加害生徒もみな高校を卒業した後でも、高校生年代の人が怖いと言い、高校生が下校するような時間帯は外に出られないと言っていました。

　さらに、被害者本人も、自分が何を、なぜ避けているのか理解できていないことがあると言われています。被害者自身、自分の反応に戸惑い、混乱しているケースも少なくありません。被害者心理に詳しい専門家は「被害者は激しい症状に驚き、自分は狂ってしまったのではないか、もうこれからふつうの生活はできないのではないかという不安に襲われていることもある」（小西聖子『犯罪被害者の心の傷　増補新版』174頁、白水社、2006年）と述べています。

　「いじめで命を落とす」というと、「いじめ被害のまっただ中にいて、いじめが続くことがつらく、耐えきれずに命を落とす」という場面を想像しがちですが、実際はそればかりではありません。いじめ行為そのものが止んだ後に自死を図り、実際に命を落としてしま

う例もあります。私自身、いじめ行為そのものがなくなった後に自死を図った子を何人も知っています。いじめはなくなったのにつらさや苦しみが消えず、しかもなぜそうなっているのか、本人も理解できないために「この苦しみから一生逃れられないのではないか」と絶望して命を絶ってしまうこともあるのです。そのことをぜひ多くの人に知ってほしいと思います。そして、いじめが止んだ後も苦しんでいる子に対し「決してあなたが狂ってしまったわけではない。今、あなたに起きていることは、それだけの苦しみを経験した人に起きる普通の反応なのだ」と伝えてあげてほしいと思います。そのことが、最悪の事態を防ぐきっかけになるかもしれないからです。

(2) まわりの大人が持つべき心構え

　学校から心無い対応を受けてしまったＡ子ですが、そのまま学校と決裂し卒業式にも出られなかったのかというと、そうではありませんでした。間に入った教育委員会の職員で「Ａ子のことを理解しよう。理解したい」と考えた方がいました。その人がＡ子の主治医に会い、症状をきちんと理解して対応してくれたおかげで、学校側の態度がだいぶ変わりました。もちろん、法令上の限界もあってすべてがＡ子やその保護者が希望したとおりになったわけではありません。しかし、Ａ子はなんとか卒業式に出席することができました。

　いじめによって学校の外に追いやられる子をうまないために、そして、一度学校の外に追いやられてしまった子どもが一日も早く学校に戻れるようにするために、子どもを支える周囲の大人がきちんとした知識をもつことは重要です。しかし、予めすべての知識を習得することは容易ではありませんし、また現実的でもないでしょう。大切なことは、この教育委員会の方のように、自分の常識にとらわれることなく「相手のことを理解しよう。理解したい」という姿勢をもつことではないでしょうか。

　そのうえで、その子がいじめというつらい体験を乗り越えて、本当の意味でいじめを解決するところまでを目指し、周囲の大人が子どもの権利条約の理念に則り、子どもが自己肯定感を取り戻していけるような関わりをもってゆくことが大事だと私は考えています。

※個人情報保護のため事実関係は一部改変しています。

III 「いじめ」をめぐるアプローチ

7 「いじめ加害者」の立ち直り支援

1 学校で起きるいじめ問題──「被害者」と「加害者」への対応の実際

　学校で起きているいじめ問題は、とても深刻です。それらの問題の重篤化や再発防止を目的として、さまざまな取り組みが展開されるようになってきました。しかし、その取り組みは、被害者側に寄り添う形で展開されることが多いように思います。もちろん、それはとても大切なことですが、いじめ問題には、当然ながら加害者も存在します。加害者にも意識を向けて対応していかなければ、いじめ問題の解消や予防は不可能であると筆者は考えています。本稿では、筆者のスクールソーシャルワーク経験をふまえながら、加害者に対する教育支援の重要性に着目し、その支援のあり方について考えてみたいと思います。

　実際に、学校で起きるいじめ問題は、個対個、個対集団といったように発生の状況が異なっているものがあります。また、いじめの内容が刑法で処罰されるべき犯罪性の高いもの、陰湿かつ執拗で発覚しにくいもの、比較的学校現場で起こりやすく発覚もしやすいが繰り返し発生してしまうものなど、その様態も性質もさまざまです。そのなかでも、身近な学校現場で起こりやすく繰り返されがちな事例を挙げ、考えていきたいと思います。

(1) 事例

　小学3年のA子は、同じ学級のB子・C子から「いじめられている」と担任に相談しました。冷やかしやからかい、無視や仲間はずれなどをされていると訴えました。そして、担任に相談した翌日から、A子は学校を欠席し始めてしまいました。

　A子の母親は、学校へ出向き、教頭・担任と話をしました。A子の母親は、いじめの事実を明らかにすること、加害側の子どもたちがA子に謝罪すること、A子が安心して登校

103

できるよう環境を整えることをしてほしいと、学校へ要望しました。

　学校側は、B子・C子、それからクラスの子どもたちから聞き取りを行いました。B子・C子は、はじめのうちはなかなか言い出しませんでしたが、聞き取りを重ねていくうちに、次第にそれらの行為を認め、その理由について、B子は「自分もA子に無視をされたり、仲間外れにされたことがあった。それに、性格も合わないような気がする。態度がむかつく。だから意地悪をしたかった」と答えました。C子は「B子がA子から嫌なことをされたことがあると聞いて、B子が可哀想だと思った。もともとA子のことが好きではなかった。A子は成績が良くて運動もできる。ママは（C子はどちらも苦手だけれど）A子ちゃんは何でも良くできるよね、A子ちゃんにいろいろ教えてもらいなさいって、いつも言っていた。意地悪をしていると、自分が偉くなった感じで気持ちがスカッとした」と答えました。

(2) 被害者：A子への対応

　担任は、A子から相談を受け、その内容をいじめ問題に対応する係になっている教員や管理職などに報告し、今後はどのように対応すべきか、あるいは、その対応を実行する上で、どのような準備をすべきかなどを、話し合っていきました。

　A子の母親との複数回の話し合いにおいても、捉え違いが無いよう、自分独りで対応するのではなく、必要に応じて複数名でA子の母親と話をしていきました。A子の母親の意向を受け止めながら、学校側としての対応を考えていくことになりました。まず、いじめの事実について確認していく作業のなかでは、子どもたちや教員に聞き取りを行いながら、その結果をA子の母親に随時報告していきました。同時に、A子が安心して学校復帰ができるよう、A子宅へ家庭訪問しながら、A子の心の状態や気持ちを把握しつつ学習指導を行ったり、部分登校や別室登校の体制を整えながら不安感を軽減したりしたほか、再びB子やC子から加害行為を受けないよう、A子を見守る教員を交代で配置したりすることで対応していきました。

(3) 加害者：B子やC子への対応

　学校側としては、B子・C子それぞれから聞き取りを行い、A子が傷つくような行為をしたのか否か、なぜそのような行為をするに至ったのかなどを聞きました。同時に、B子・C子の保護者とも連絡を取り合い、これまでの状況を報告したり、A子が嫌な思いをしたことに対して、A子の母親が要望していることをふまえ、B子やC子の謝罪を促していく

104　第2部　ひとりの子どもも見のがさない支援の創造

ために、B子とC子の保護者にも協力してもらえるよう話していきました。

　そして、A子・B子・C子と担任で話し合いをして、B子とC子がA子に謝る機会をつくったり、あるいは、子どもたちとその保護者たちが集まって話し合いをして、二度とこのようなことが起こらないようにしましょうと確認し合う機会をつくりました。そして、A子が登校してきた際には、B子とC子がA子に加害しないよう、教員で見守りました。

2　加害者への対応不足をどう克服するか

　さて、加害者への対応について、どのような印象を受けたでしょうか。

　学校関係者の方、被害・加害いずれかの経験がある方、あるいはお子さんがいずれかの経験をしてしまった保護者という立場で経験がある方など、それぞれだと思いますが、「ある、ある。こういうようなことが……」と感じた方、「いやいや、こんなにスムーズに進むものではない」と感じた方、「わが校では、もっと○○の部分に力を入れている、心外だ」と思われた方、さまざまだと思います。

　本稿の事例のように、淡々と物事が進んでいかない難しさもあるでしょう。しかし、既述の対応内容は、ひとつの学校だけではなく、複数の学校で類似した対応が見受けられ、"一定の解決がなされた"とみなされがちな対応です。しかも、残念なことに、同様の加害行為が再発してしまうことも少なくないのです。

　なぜ、繰り返されてしまうのでしょうか。要因の特定は困難ですが、加害者への対応不足を、その一因に挙げたいと思います。

(1) 子どもが持つ負の感情を適切に扱うこと

　事例では、B子とC子が、A子に対する行為についての理由を、それぞれ述べていました。子どもにこのように言われた際、私たち大人は、どのように返事をするでしょうか。

　「いやいや、そのようなことは言うものではない、みんなと仲良くしなさい」「自分が気に入らないからといって、相手を傷つけるようなことをしてはいけない」「人に意地悪をしてスカッとするなんて、良くないことだ」などと、諭すべきなのでしょうか。

　それとも「B子だって辛い思いをしたのだから、仕返したくなる気持ちはあるよね」「C子はB子の味方になろうと思ったんだね、優しいね」と受けとめるべきでしょうか。

　諭すだけでは、B子やC子の気持ちを受容したとは、本人たちに感じてもらえにくいでしょうし、そうかといって、A子に対する負の感情を受容しすぎると、B子とC子の言葉

に同調し、A子の悪口を大人も言っていると誤解されてしまう可能性もあります。ましてや、いじめ行為を肯定したと捉えられてしまっては大変です。

　子どもたちの話を聞く側の学校は、社会生活を営む人間に育てるという役割を持っており、社会的規範などを教える場でもあります。そのため、周囲の人びととは良好な関係を築きながら生活できるよう協力しあいましょうなどと、教え導く機会は多いと考えられます。そう仮定すれば、今回のB子とC子の言葉に対する返事も、論す方のメッセージ性が強いものになる可能性が高いと思われます。しかし、私たち大人も、まだ社会経験の少ない子どもたちも、他者に対してそんなに肯定的な気持ちだけで生きていられるわけではありません。ときには相手に怒りを覚えたり、自分にとってはどうしても受け入れ難い部分があったり……と、良くないとされる感情が湧き上がってくることがあります。それは、とても自然なことであり、消すことはできません。

　では、どのような対応が適当なのでしょうか。大切なことは、負の感情をもったことを否定しないこと、そして、その負の感情をどのように処理していけばよいのかを、ともに考えていこうという姿勢で対応することだと思います。「負の感情をもっていても良いが、その感情のままに他者を攻撃することは望ましくない」「無理に仲良くしなくても、互いに傷つけあわない、ほどよい距離での関係性であれば良い」「どうしても我慢ならないくらいの負の感情が出てきた場合には、適切な方法で処理する」といった内容を、子どもたちとともに考えたり、子どもたちに気づかせたりできる機会をもってみてはいかがでしょうか。

(2) 抱えている背景が異なっていることへの理解を深める

　B子・C子、ふたりの行為は表面的には同じでも、それぞれがどのような気持ちを抱き、あるいは、どのような葛藤を抱えながら行為に及んだかは異なります。B子はA子への復讐心から生じた行為かもしれません。C子はC子なりの正義感からの行為なのかもしれませんし、A子と比較される劣等感が行為に及んだ原動力の一部になっているのかもしれません。いずれにせよ、子ども一人ひとりが抱えている事情を理解しつつ、なぜ加害行為をするに至ったのかについて、丁寧に聞き取り把握していく必要があります。子どもが抱える背景を含めて理解し、その後の対応を検討していくことが大切です。

　例えば、B子への対応であれば、まずはA子に対する気持ち（過去に受けた行為に対する辛さや怒りなど）を受容しつつ、A子への加害行為に至った経緯やその間に生じた葛藤などを丁寧に聞きましょう。A子から受けた行為の際に周囲にSOSを出さなかった理由を確認するのも良いでしょう。C子に対しては、B子への同情とA子との比較によって感

じた劣等感が絡み合ってしまった経緯を聞きましょう。B子とC子のそれぞれの状況や感情を丁寧に受け止めた後に、どの時点からの感情や行為を改めるべきであったかを、ともに考えてみましょう。

　順序が逆になっては、B子とC子の心は硬く閉ざされてしまいかねません。聞き取っている際、ときには加害行為に至る前までに、B子やC子が教員や保護者へSOSのサインを必死に出していたことが明らかになることもあります。その場合は、それに気づけなかった大人たちも、きちんと反省する姿勢を示すことが大切です。

(3) 子どもが思い悩む過程を見守ること

　(1)や(2)の手順をふまずに、B子・C子に対し、A子に嫌な思いをさせたことを謝罪するよう伝えたとしたら、この二人から、あるいは、彼女たちの保護者から、どのような反応が返ってくるでしょうか。もしかすると、「A子だって良くないことをしたのだ。謝罪すべきはA子のほうだ」「そもそも、A子が先に仕掛けてきたのだ。被害者はウチのB子だ」「C子はB子の味方になってあげようとした優しい子だ。A子のほうが意地悪ではないか」などと、双方から謝罪要求の応酬が始まり、学校はその板ばさみになってしまいかねません。では、どのような考え方や対応が望ましいのでしょうか。

　大切なのは、謝罪をすることを子どもに要求するのではなく、子ども自身が相手を傷つけてしまったのだと感じること、そして、その"やってしまった"という後悔の気持ちをどのように表現していけば良いのかを思い悩ませることです。

　子どもの心の成長スピードはそれぞれです。それなのに、相手が要求しているからと、早急な謝罪を期待して、そのような場を設けたり、謝罪の方法をあたかも伝授するような対応をしていっても、子どもたちには「謝罪させられた」感だけが残ります。ゆえに、同じようなことが繰り返され、次第に重篤な犯罪行為へとエスカレートしてしまう場合もあるのです。だからこそ、教員や保護者たちが望むスピードでの解決ではなく、子どもたちのスピードで"やってしまった"と気づく時間が必要であり、"やってしまった"ことに対する償いをどのようにすべきか、主体的に一人ひとりが思い悩む時間がとても重要なのです。

　謝罪するという行為にしても、直接自宅に赴くのか、手紙を書くのか、学校という場を借りて行うのか、子ども一人ひとりが考えるべきです。自宅に赴くといっても、自分だけで行くのか、親に同行してもらうのか、あるいは、同じことを"やってしまった"子と一緒にいくのか……など、考えるべきことはたくさんありますし、それはけっして楽しいことではありません。「行きたくない」「できれば無かったことにしてしまいたい」「でも、こ

のままでは心がモヤモヤする」……など、たくさんの気持ちが湧きあがり、葛藤していきます。この揺れ動く感情の経験こそが、いじめ行為への後悔を醸成していく上では大切なことなのです。

　そして、いよいよ何らかの方法で謝罪をしようと勇気と覚悟をもって臨んだとしても、許してもらえないかもしれません。相手に自分の気持ちをわかってもらうためにはどうしたらよいのか、再び思い悩むことになるのです。「自分が謝っているのに、受け入れないなんて……」など、再び怒りがこみあげてくることもあるでしょう。自分の考えた方法が、自分とは性格も生活環境も異なる相手に、そのまま通用するとは限りません。一度で許してもらえるという考え自体が、独りよがりで甘い考えなのかもしれないのです。許す／許さないという判断基準は、相手にあります。自分の言葉が信用できると思ってもらえるか否かは、相手が決めることです。それゆえに、"やってしまった"側は、失った信用を取り戻すために、何をすべきかを考えていくのです。「一度ダメでも、二度、三度。ひとつめの方法がダメなら、それとは異なる方法で」という気持ちも、このような体験から生まれてくるものではないでしょうか。この思い悩む辛さを味わうことで、「二度としない」という気持ちが固まってくるのです。

(4) しっかり悩む子どもを組織的に育てる

　そして、この一連の思い悩む過程で最大の役割を担うのが学校です。子どもたちの思い悩む過程の重要性を認識しながら、子どもたちにはどのように体験させていくべきか、大人たちはそれの過程をどのように見守るべきか……。これらを考えて"仕掛け"られるのは、教育の専門性をもつ教員の方々なのではないでしょうか。

　A子・B子・C子、それぞれの気持ちの聞き取りを、すべて担任が行うことは難しいかもしれません。その場合は、それぞれの子どもたちと良好な関係を築けている教員の方々で聞き役を分担しましょう。管理職の方々は、子どもたちの悩むスピードに配慮しつつ、早急な謝罪を求めたり目に見える形での処罰を求めたりするような逸る大人たちを調整する役を担いましょう。保護者の方々は、悩む子どもたちを家庭で支えましょう。ときには、自分たちの子どもの頃の失敗談を話すなどすることも良いでしょう。自分の親も、かつては自分と同じだったのだと感じ、孤独感などが軽減されることがあるからです。それぞれの立場の大人が、同じ方向性をもって"仕掛け"ていけば、子どもたちは安心して思い悩むことができます。

　教員の方々の緻密な"仕掛け"は、とても重要で影響力があります。ある学校では、いじめの加害者となってしまった子どもたちに、加害行為を振り返るための個別授業を定期

に実施したところ、被害側への謝罪の気持ちの他に、対人関係の苦手さへの自覚が生まれ、SST要素を盛り込んだ個別授業に発展していったというケースもあります。別の学校では、加害側の子どもの保護者が、これまでの子どもとのかかわり方について深く反省したというケースもあります。このようなエピソードに触れるたびに、いじめ問題は、個別性がありながらも、子どもの育ちを支える関係者全員が、「我が事」として受け止めていく必要性を強く感じます。

3 加害者が取り残されないために

(1)「謝罪行為があった、ゆえに解決した」ではない

最後に、私たち大人が自覚すべき課題について提示し、本稿のまとめとします。

深刻ないじめ事件の発生やいじめ防止対策推進法の制定を経た今日、いじめ問題の早期発見や早期解決が重視され、学校現場や保護者たちも、それに順応すべく必死です。しかし、解決を急ぐあまり、「謝罪行為があった。ゆえに解決した」と誤った認識をしているのではないでしょうか。謝罪＝反省、あるいは、謝罪＝問題解決と、安易に捉えるのはまちがいです。同じようないじめ問題が多く繰り返され、辛い思いをしている子どもたちがたくさんいる現状は、早期解決を急ぎすぎる大人たちへの警鐘なのかもしれません。心の育ちには、時間が必要なのです。私たち大人は、報道や法律を真摯に受け止めながらも、それらに振り回されるのではなく、自分自身がどのようにして、生きる術を身に着けてきたかを振り返り、その過程を整理し、子どもたちの教育にどう活かしていくべきかを主体的に考えていくことも必要なのではないでしょうか。

(2) 消極的な「見守り」は、子どもたちへの加害行為となりうる

加害側の子どもの成長を確認するためには、継続的かつ積極的に、その問題に向き合うための話し合いを重ねていくことが必要です。よくあることとして「一度話をしたから」「反省しているだろうから」「何度も苦しめるようなことはかわいそうだから」と、その話題にあまり触れないようにしながら、同じ行為が繰り返されないように注視するという"見守り"があります。しかし、それでは、成長を確認することはできませんし、たとえ未成長であっても、他のアプローチ方法を考える機会を放棄していることになります。加害側の子どもへの消極的対応は、重要な教育機会を逃すという意味で、子どもへの加害行為と

も言えるのです。

⑶ 日ごろからの"仕掛け"が大事

　本稿でも、便宜上、いじめにおける加害／被害という言葉で区別してきましたが、加害／被害という言葉を使用するがゆえに、問題が複雑化してしまうことがあります。いじめ行為があったと保護者に連絡すると、「ウチの子が、犯罪者だというのか」などと言われてしまうこともあります。その保護者は、何らかの体験により、いじめ加害＝犯罪というイメージが先行してしまっているのかもしれません。

　例に挙げたような言葉の認識のズレに限りませんが、いじめ問題に係る対応の最中、何らかのきっかけで、保護者と学校間での信頼関係が崩れてしまうことが多々あります。仮に、既述したような"仕掛け"を保護者と学校の協働でつくり出し、子どもたちにはしっかりと学んでもらうべき機会にしようとしていても、何らかの誤解によって不信感が生まれ、それによって新たに発生した問題への対処に追われてしまい、本来対処すべき問題がそのままになってしまうといった危険性があります。

　そのような事態を回避するには、日ごろからの"仕掛け"も必要です。学校側は、いじめ問題をどのように捉え、どのように対処していきたいと考えているのか、その際にはどのようなことを保護者に協力してほしいと考えているのかを提示する機会をもちましょう。保護者や地域の人びとはその内容に関心を持ち話し合っていく姿勢をもちましょう。拒絶していては何も進みません。

　いじめ問題に向き合う度に、私たち大人の生き様までもが露わになるように感じます。私たち大人も逃げずに真摯に向き合い、多くを学ぶ姿勢が求められていると思います。

Ⅳ　被災地の子どもの発達支援と地域づくり

8 震災避難により地域を失った子どもたち

1　避難により「地域力」を失った子どもたち

　子どもたちの成長は、親や家庭が養育し学校が教育しながら、地域の子どもたちをみんなで見守り教育していくといった協働のなかで培われるものだと思っています。

　2011年の震災で、住民はいろいろな場所に避難して、子どもたちもそれぞれに転校しました。仕事の関係で家族が別居生活をしいられたり、住宅事情によって祖父母等との別居生活となったり、震災での影響で喧嘩が絶えず両親が離婚してしまったり、親の今後の生活への不安やストレスが子どもたちにも大きく影響して、子どもたちを養育していく親や家庭に大きな変化が見られるようになりました。

　放射能の影響により外で思いきり遊ぶことができなくなり、本来なら集団や屋外で遊びながら学んでいく社会性を身につける機会が減少しました。家族や知人・親類、保育所や幼稚園、保健師や民生委員など、子どもたちの未来のためにいろいろな関係者がかかわって養育していた地域がなくなったことで、多くの人に見守りを受けながら教育されていく機会が失われました。

　いわれのない「いじめ」によって、親も子どもたちも原発事故のあった地域からきたことを内緒にし、口をつぐんで、避難先のコミュニティに入れない親や子どもたちが多くみられました。こうして避難先に積極的に交わらないことから、子どもたちが社会性を学ぶ機会がさらに減少していきました。

　発達特性をもつ子どもたちには、家庭、学校、地域との協働が大切です。避難して生活の場を移すことによって、家族構成に変化が生じ、家庭内での教育力が低下しました。本来なら家庭や地域内で発達課題に気づいてもらえることができ、地域で支えられながら成長することができただろう子どもたちは、家庭や地域での教育力を失ったことにより、発達課題に気づかれない子どもたちになっていきました。

111

2 震災と避難

(1) 東日本大震災前の環境

　大熊町は、福島県の浜通りにあり、雪も年に数回うっすらと降る程度で、比較的温暖な地域です。原子力発電所が建設される前までは、これといった産業は特にありませんでしたが、建設後は雇用が増え、仕事関係で永住する住民も増えてきました。町の財政にも、他市町村と比べるとゆとりができ、特に福祉面や生活上での手厚い施策があったので、他市町村から当町に転居する住民が増え、特にシングル世帯の転居が多くなっていました。

　以前からの住民、仕事関係で家を建てた住民、他市町村から転居してきた住民が、開放的な浜通りの気質からか、相互に受け入れることに特に大きな問題もなく、住みやすい地域環境だったと思います。

　昔から住んでいた住民が多い地域は、そこに根づいていた生活文化や慣習・考え方が生活のベースになっていることが多く、地域での決まりごとが地域の秩序を守り、地域生活を構成しているといった考え方から、地域の子どもたちはみんなで見守るといった地域性が見られます。仕事で遠方から転居してくる住民が多い大熊町でも、それぞれの出身地の生活文化をもちながらも、この地域の生活文化や慣習がうまく生かされ、子どもたちをみんなで見守る地域性が生かされていました。ただ、転居してきたシングル家庭については、地域との接点が少ないこともあって、地域での見守り体制が十分に機能できなかったように思われます。

　大熊町の地域性と、行政の保健師訪問、保育所、幼稚園、学校、民生委員などの連携もあり、子どもたちの家庭環境や支援者、キーパーソンとなる方々は、ある程度把握できていたように思われます。

(2) 震災時の避難状況

　2011年3月11日、東日本大震災と福島第一原発事故が発生しました。当日、3キロ圏内には、町内にある体育館や保健センターなどの公共施設への避難指示が出ましたが、当初は誰もが津波への対応だと考えていました。翌日の3月12日早朝、町内の防災無線で避難指示が出たため、詳しい内容がわからないまま、避難訓練のような軽い感覚で、住民の大半は行政の指示通りに迎えに来たバスに乗りこみました。行き先を聞いても、バスの運転

手に行き先を聞いても、「西に行くように言われた」とだけ。到着した場所も近隣市町村数か所だったため、避難した近所の方や家族・親戚がどこにいるのか全く分からない状態となってしまいました。

バスで避難した住民、車で避難した住民、数か所の体育館や学校、あるいは親戚宅やホテルなどに避難した後、主に県が設置した仮設住宅、県が民間の賃貸住宅を借り上げて提供する借り上げ住宅での生活が始まりました。

(3) 避難所での生活

多くの住民が最初に経験した避難所での生活は、これからどうなるのかといった不安やストレスで、ふだん大声を出さない人からの怒鳴り声があちこちで飛び交っていました。

その対象となったのが、乳幼児や、知的、発達障がい、精神疾患など、障がいを抱え支援が必要な子どもたちと住民でした。特に、障がいを抱え支援が必要な子どもたちや住民は、いつもと違う状況が不安を増幅させるので、奇声を上げたりすることが多くみられます。そうした行動に周囲の人たちが反応し、怒鳴り散らしたり叱責するようになったので、避難所内にはいられなくなり、車の中で寝たり、別の避難所に移っていく家庭が多くみられました。この時点では、福祉避難所の情報はほとんど知られておらず、また利用できる福祉避難所もほとんどなかったように思われます。

そんななかでも、卒業式ができなかった子どもたちに対し、避難所になった学校の校長の計らいで卒業式を行ってくれた小学校。学校が再開するまでのあいだ、勉強を教えてもらった避難所。温かい支援の輪をたくさんいただいたことは忘れることはできません。

(4) 各地域に散っていった子どもたち

知人や親せきを頼って行った避難先。インターネットで受け入れ先を見つけて行った避難先。町と一緒に行動し避難場所としている会津若松市内のホテルや旅館等の避難先。いろいろな場所への避難を経験し、4月、子どもたちは新学期を迎えました。子どもたちにとって新しい環境、新しい地域での新学期が、福島県内だけでなく日本全国でスタートしました。子どもたちを温かく受け入れてくれた地域や住民には感謝の気持ちでいっぱいです。

ただ、転校した子どもたちのなかには、「放射能がうつる」「ばいきん」などと言われる「いじめ」を受けたり、大人たちも「今まで恩恵をうけてきたから仕方がない」「借り上げ住宅代は私たちの税金で支払っている」などの心無い言葉を受けたりしました。閉じこもったり、うつ症状が出たり、学校に行けなくなったりするなど、傷ついた子どもたちや

大人がたくさんいたことも事実です。

3 避難で変わってしまった家庭環境

避難先での新生活。父親の仕事の開始とともに始まった両親の別居や、それまで同居していた祖父母との別れ、兄弟姉妹の進学にあわせた住居の移動など、今までに経験したことのない生活スタイルが始まりました。地域の環境も変化し、子どもたちをみんなで見守ることができなくなりました。

(1) Ａさん家族の場合

震災前は両親と祖母、弟の５人で生活していました。父親は口数も少なく、黙々と働く性格。母親は教えてあげないと何もできないと、祖母が一家の中心を担い、支えてきました。母親は運転できないため、子どもたちの検診には父親の姉妹の協力を得るなどしていました。

避難先では、アパートの隣同士の２部屋を借りて生活を開始。震災の影響と環境の変化もあり、祖母は認知症で介護が必要な状態となりました。今まで支援を受けていた父親の姉妹は遠方に避難しました。生活そのものが大きく変化しました。

「どこにも出ない子どもがいる」という情報があり、保健師同行で訪問すると、幼稚園児くらいの年齢のＡさんと弟が、おむつをしながら狭い部屋の中を走り回っていました。父親は朝早く仕事に出かけ夜遅くに帰宅するため、日中は母親が一人で子育てをしていました。子どもを叱ることができず、何をされても笑っているだけ。食事もレンジで温めるインスタント食品がほとんどです。排泄訓練もうまくできていない様子で、震災後は予防接種も受けておらず、家庭への支援が絶対に必要な状況でした。

母親には中程度の知的な遅れがあると思われ、生活を立て直すために母親への支援を父親に勧めましたが、父親は特に困りごとを感じていないと拒否しました。その後、幼稚園への通園を開始するようになりました。

また、父親の仕事の関係で転居を繰り返すなか、現在の場所に落ち着きました。小学校に入学すると、発達の遅れが見られているきょうだいに療育手帳の交付を受けることを勧め、療育機関との関わりをなんとかもつことができました。一方、母親の生活能力の底上げが課題であり、関係者間で様子を見ながら、母親への支援を父親に勧めてきました。きょうだいが小学校に通学するなかで父親も、母親が子どもへのかかわりをうまくできないこ

114 第２部 ひとりの子どもも見のがさない支援の創造

とに気づき、ようやく母親への支援が始まることになりました。

　Aさんの家族の場合、避難する前は、母親に知的な遅れがあっても、まわりに祖母や父親の姉妹がいて、生活支援や養育支援を受けることができたので、なんとか生活が成り立っていました。しかし、避難後はまわりに支援者がいなくなり、家族・親族によるサポートを受けることなく生活するようになりました。まさに、避難により「支援者を失った子どもたち・家族」でした。

　そのなかでも、排せつ訓練や食事訓練、着替えや歯磨きなどの生活訓練を幼稚園ががんばって支えてきました。小学校のスクールソーシャルワーカーは、学校からの連絡事項をわかりやすく簡潔に伝えるよう努力したり、自宅で食事づくりを一緒に行ったり、学校での調理実習に母親が参加するように働きかけたり、母親の家事能力アップに取り組みました。関係者は父親に、母親への支援は生活の向上だけでなく、子どもたちの成長にも効果があることを継続して話してきました。

　これらは、スクールソーシャルワーカー本来の活動なのか、学校教育として適当かどうかはわかりませんが、避難することさえなければ、周囲のサポートを受けることができ、地域での見守り支援を受けながら生活できていた家庭であることはまちがいないと思います。そうした地域での見守り支援の役割を、避難先のスクールソーシャルワーカーや学校、関係者が固定概念をもたずに、今自分たちで何ができるのかを考え、できる範囲で取り組んでくれたおかげだと感謝しています。

(2) Bさん家族の場合

　震災時は、祖父母、両親、4人きょうだい（Bさんは長男）の8人家族で生活していました。震災時には行政とともに避難し、町が避難先に再開した小学校に通学し、トラブルを起こすことなく、多くの友人とともに生活していました。その後、Bさんが小学5年を修了後、家族とともに小規模な自治体に避難先を変えました。

　転校して間もなく、母親から町の教育委員会に相談したいという連絡がありました。そこで、自宅を訪問し、Bさんと母親と面談しました。Bさんと母親は、ともに「同級生と仲良くしようとしても無視される」「仲間外れにされる」「嘘をつかれる」など、いじめにあっていることを話しました。一方、学校からの情報（担任の話）としては、Bさんが「嘘をつく」「友人をいじめる」といった内容で、両者に食い違いが見られました。母親は理詰めで理路整然と話すタイプで、担任に詰め寄ることが多いため、担任は母親との接触を拒否し、学校からの連絡はすべて学校長が行うなど、関係性がかなり悪くなっていました。

　Bさんの話を聞いていくなかで、同級生と話すときは自分の話を中心にすることが多い

8　震災避難により地域を失った子どもたち　115

こと。一緒に遊ぼうと約束したのに「そんな約束はしていない」と言ったり、自分で勝手に「こうなんだ」と思う傾向があるのではないか。もしかしてまわりでも気がつかないくらいの特性があるのではないかと疑うようになりました。

転校前の小学校に尋ねたところ、小さいときから一緒に過ごしてきているので、特に気にかけるところはなかったと言われます。Bさんのことを「あの子はこうだから」とみんなが理解し、彼にあったつきあい方を学んでいたのでは、という話もありました。しかし、転校してからは、グレーゾーンと思われるBさんの特性に学校が気つかず、「嘘をつく子」「いじめる子」と受け止め、問題児というレッテルを貼ってしまっていたのではないでしょうか。

Bさんと話すなかで、得意なこと、苦手なことを自分で意識して、対処するだけの高い能力があるように思いました。そこで、Bさんにどのように対処していけばいいのかを知るためにも、学校のスクールカウンセラーと面談し、検査も含めて今後の方向性を相談するよう、母親に勧めました。

その後、実施した学校長と教育長との面談では、Bさんの経歴、転校前の学校での様子を話し、彼の行動が「嘘をつく」「いじめる」と感じるのは、もしかすると特性があって、そのことに気がついていないのではないかと話し合いました。

このケースも、避難せず元の地域で生活していれば、子どもたちをみんなで見守る地域性や教育力、同級生間の理解のなかで、問題なく生活していただろうと思います。しかし、転校することによって、同級生とうまくやろうとしても彼の性格や特性が理解されず、逆に同級生をいじめる、嘘をつく児童として学校や担任に認識されてしまい、逆に、Bさんと母親は、いじめられているのに学校は何も対処してくれないと感じ、担任との関係性が悪化してしまったのだと思います。

学校も教育委員会も、関係機関との連携についてよく理解していませんでした。このようなケースでは、スクールカウンセラーやスクールソーシャルワーカーを活用してほしいこと、もしかしたら発達に特性があるかもしれないので、発達課題に注目してほしいことをお願いしました。母親に対しては、学校のスクールカウンセラーに介入してもらい、問題を整理してもらうことを勧めました。その結果、母親と学校との関係性は改善の方向に向かいました。

4 地域を子どもの成長のプラットフォームに

今、学校では、先生方やスクールソーシャルワーカー、スクールカウンセラーなど、関

係者は日々奮闘しています。不登校やいじめだけでも、家庭の問題、親との関係、愛着問題、担任との関係、特性の問題など、多くの原因や問題があるように思います。多忙な日々のなか、学校や先生方だけの力で、表面化していない課題に気づき、掘り起こし、整理するということは、時間的にもかなり難しい状況です。

　家族や地域が教育力を失うことで、発達に課題をもつようになった子どもたちは、学校関係者間での気づきがなければ孤立すると思われてなりません。地域や家庭の支えを失った子どもたちが「学校をプラットフォームに」して成長することができるように、学校の関係者が子どもたち一人ひとりに着目し、表面化していない発達課題にともに気づき、すべての子どもたちに向けたソーシャルワークが学校で展開できるよう、協働していくことが重要となります。

　さらに、そのために必要なこととしてあげられるのは、地域のなかで子どもたちをみんなで見守り教育していくといった地域との協働です。子どもたちの成長のために、「学校をプラットフォームに」していくこととともに「地域を子どもたちの成長のプラットフォームに」にしていくことが大事です。

　そのためには、学校はもちろんのこと、スクールソーシャルワーカーなどが中心となって課題を分析しつつ、地域のキーパーソンを把握しながら育成し、ニーズにあった社会資源を開発や活用しながら、地域のなかでの教育力を育てていくことが大切です。学校は、そのような関わりのなかで、子どもたちへの気づきを見逃さず、すべての子どもたちに向けたソーシャルワークが展開できるよう、家庭、関係者、地域と情報を共有し、協働しながら日々研鑽していくことが求められています。

Ⅳ　被災地の子どもの発達支援と地域づくり

⑨ 震災後の乳幼児と作業療法士のかかわり

1　母子保健における作業療法

　みなさんは、作業療法士（Occupational Therapist：OT）という職種をご存じですか？

　「おじいちゃんが脳梗塞を起こして身体が麻痺して入院したとき、作業療法士と洋服を着る練習をしていた」「おばあちゃんが認知症で施設に入ったとき、作業療法士と一緒に歌ったり塗り絵をしていた」というように、作業療法士は麻痺がある患者さんや高齢者とかかわっているという印象をもつ方も多いと思います。しかし、作業療法士は、精神科や整形外科、療育センターなどにも勤務しています。また、保育所等訪問支援（表1）、知的障害児等療育支援事業（都道府県による）、特別支援学校への外部専門家導入事業（都道府県の教育委員会による）などの制度が制定され、保育や教育の現場に作業療法士が訪問

表1　保育所等訪問支援

管　轄	市区町村
対 象 者	保育所等を利用中の障害児、又は今後利用する予定の障害児（診断や療育手帳の有無に関わらず、支援が必要であると判断を受けた児）
実施場所	保育所、幼稚園、小・中・高等学校、特別支援学校、認定こども園その他児童が集団生活を営む施設（放課後児童クラブなど）
目　　的	当該施設における障害児以外の児童との集団生活への適応のための専門的な支援その他の便宜を供与
内　　容	①障害児本人に対する支援（集団生活適応のための支援等） ②訪問先施設のスタッフに対する支援（支援方法等の指導等）
回　　数	概ね2週間に1回。ただし、障害児の状況、時期によって頻度は変化
利 用 料	児童福祉法障害児通所給付費に基づき自己負担額あり
訪問職員	障害児施設などで障害児に対する指導経験のある児童指導員や保育士、または障害の特性や程度により専門的な知識や経験を持つ者（理学療法士、作業療法士、心理担当職員など）

（「保育所等訪問支援を知ろう！①～⑥」日本作業療法士協会誌、2016年10月号～2017年3月号）

できる体制が整備されはじめています。作業療法士がソーシャルワーカーとともに仕事ができることが、あたりまえになる日もそう遠くはないかもしれません。

日本作業療法士協会のホームページでは、以下のように作業療法を定義しています。

「身体または精神に障害のある者、またはそれが予測されるものに対してその主体的な活動の獲得をはかるため、諸機能の回復・維持および開発を促す作業活動を用いて行う治療・指導・援助を行うこと」。

なんだかイメージが湧きにくい文章ですね。筆者は、他職種の方に作業療法士について説明するときは、「赤ちゃんから高齢者まで、障がいあるなしにかかわらず、その人が生活や人生のなかでやってみたいことをご自分の力で達成できるよう、『自分の力で達成できた』（ここで作業療法士のおかげとは思われないよう）と思えるサポートをする職業」だと説明しています。

ある精神保健福祉士（PSW）が、いじめをきっかけに数年引きこもっていた対象者の訪問に携わっていたときのことです。ご本人は生きるエネルギーも枯渇しているような状態で、ハイリスクケースでした。どうかかわることがベターなのか、チームも家族も非常に悩んでおり、慎重に訪問を重ねているようでした。ある日車を走らせていると、対象者の葬儀案内の看板を見つけ、「何もできなかった」と泣き崩れました。

こちらが手を差し伸べたつもりになっていても、当人からすれば「その手を取る」というのは選択肢になかったのか。生きる希望も見出せないほどの苦しい学校生活だけの人生だったと思いながら逝ったのか、どうすればこの悲しい結末を防げたのだろうか、幼少期の頃から自己肯定感を育むようなかかわり？　声掛け？　ペアレントトレーニングのような保護者の教育？　乳幼児健診で愛着形成を促すような啓発活動？　いや、妊娠期からかかわるべき？　いや、思春期教育から？　いや、そもそも地域で子育てするようなシステム作りが先？　……最悪の結末に至らないよう、できることはたくさんあるのでしょう。すべての人において窮地に追い込まれたときに、「あっ、あの人なら助けてくれる」と思える人が一人でも存在することは、どうすれば可能になるのでしょうか。筆者は安直ながら、いろんな人と交流できる機会を増やし「この人なら信用できる、頼りになる！」と思える人と出会う、そんなことぐらいしか思い浮かびません。

筆者の恩師（作業療法士）は地域住民の居場所作りとして、街なかに「赤ちゃんから認知症の高齢者、車いす利用者でも、誰もが来館しやすい図書館を作る！」と実現に向け奔走しています。

筆者は市の母子保健係に所属しています。主な対象者は市内在住の未就学児とその家族です。

・乳幼児健康診査（4か月児、10か月児、1歳6か月児、3歳児。以下、乳幼児健診）（表2、3参照）と、乳幼児健診の事後フォロー
・市内すべての保育園・幼稚園、合わせて14園の巡回相談事業（表4参照）
・園やサークルなどでの親子体操や発達に関するミニ講話
などに従事しています。

　乳幼児健診は、時代の変化とともに新しい目的が増えてきています。

表2　時代とともに拡がってきた乳幼児健診の目的

年　代	1965年以前	1970年頃～	1990年頃～	現在
目　　的	栄養状態の改善、感染症対策、先天性股関節脱臼の早期発見・治療など	脳性まひの早期発見・療育、障がい児や先天性代謝異常のマススクリーニングなど	子どもの心の健全育成、発達支援、虐待防止のための要支援家庭の早期発見と支援など	育児支援など

（「乳幼児期の健康診査と保健指導に関する標準的な考え方」『母子保健行政法令・通知集』p23）

表3　各乳幼児健診でつながるケースの例

乳児健診	1歳6か月児健診	3歳児健診	5歳児健診
先天性疾患 脳性まひ 運動遅滞を伴う精神遅滞	重度精神遅滞	中等度精神遅滞 自閉症	注意欠陥・多動性障害 軽度精神遅滞 学習障害 高機能広汎性発達障害

（『ADHD、LD、HFPDD、軽度MR児保健指導マニュアル』小枝達也編著、診断と治療社、2002）

表4　巡回相談事業：南相馬市の場合

対　象　者	幼児健康診査などで経過を観察している未就学児、保育士などが手立てに悩んでいる児、その他ことばや発達などに何らかの心配を持つ児で、保護者から同意を得ている児。
実施場所	市内の幼稚園・保育園・こども園など（公立・私立問わず）ただし、託児所は除く。
目　　的	支援を必要とする児童等が適切な環境で成長できるよう支援を行う。
内　　容	乳幼児健診で経過観察となった児の発達などの確認、困り感を抱えた児に対する支援方法。必要に応じ個別相談やケース会議を行う。 例）園に到着したら、園側から気になるケースと困っていることを聞く。 　　午前中は観察。午後は巡回スタッフ、園長、保育士らとカンファレンス。
回　　数	各園年2回。ただし園児数が多い園は1回あたり2～3日実施する。
利　用　料	なし
訪問職員	保健師・言語聴覚士・保育士・作業療法士・臨床心理士・特別支援学校教諭などで構成されたグループ

　健診や巡回相談事業を契機に、医療や各種相談会を経て療育につながるケースもあります。つなげるのも作業療法士の役目だと思いますが、筆者はすべてのお子さんが健やかに育つお手伝いをするのも自分の役割だと考えています。健診では、お子さんの様子（独歩が遅い、不器用など）に悩みをもっている保護者の相談の対応をしたり、スキンシップを

多くもてるよう親子体操をすべての健診で実施しています。

　筆者がふだん子どもたちと接しながら、最終目標にしていることは「この子たちが納税者になること」です。子どもたちには、たとえどんな障がいや個性、こだわりがあったとしても、好きなことを見つけ、得意なことを生かして、誇りや役割、収入などを得て、自律した人生を歩んでほしいと思っています。

　乳幼児期からかかわっている作業療法士としてできることは、①子どもたちの生活や人生の選択肢を増やすこと、②自分に自信をもってもらうこと、③作業療法士は保護者や保育士らへの通訳者でもあること。このように思いながら日々接しています。

2　子どもたちの生活や人生の選択肢を増やす

　例えば、うつぶせにすると泣き出す赤ちゃんがいたとします。作業療法士の頭のなかは、感覚入力や動作の評価でいっぱいになります。身体の向きが変わる（前庭覚刺激が苦手？重力不安＝揺れ動く遊具や高い所を非常に怖がったり、誰かに動かされると恐れや不安や苦痛を感じること＝かも？）のがいやなのかもしれません。うつぶせ時の接触部分の感覚（触覚刺激、感覚過敏？）がいやなのかもしれません。

　しかし、身体発達の観点から見ると、丈夫な骨格を作ったりバランス感覚を養うためにも、赤ちゃんにはうつぶせやハイハイ（固有覚刺激）移動を、ある程度は経験してほしいのです。だからと言って、泣いていやがるほどの無理強いはしません。その子が「この方法なら大丈夫」という方法を探るのです。

　脳の栄養素である感覚をたっぷり経験すると、安定した基礎づくりができ、上に積み上がっていきます。小学校に上がるころには、座位保持ができる体幹や、集中力持続できる力がつくよう、ゴールデンエイジである乳幼児の頃からうつぶせ遊び、ハイハイや興味のあることを繰り返し遊ぶなど、土台造りの応援をしています。

　あれも嫌がるから、これも嫌がるから、と嫌がるものを全て排除するのは簡単ですが、うつぶせで泣き出す赤ちゃんを見ながら、筆者の頭のなかでは、その子が大人になった頃を以下のように想像し、「この子の選択肢が増えるお手伝いをしたい！」と思いながら接しています。

```
身体の向きを変えるのがイヤ
        ↓
抱っこで揺れるのもイヤ
        ↓
```

```
ブランコもイヤ
      ↓
車に乗るのもイヤ
      ↓
遠足や修学旅行でバスに乗るのがイヤ
      ↓
生活や就職、余暇活動などで選択肢が減ることは避けたい
```

　そして、赤ちゃんが苦痛を感じないうつぶせの条件を、保護者と一緒に探ります。

　例えば、ママが床に長座位で座り、赤ちゃんを抱っこします。赤ちゃんを抱っこしたまま、赤ちゃんの表情を見ながらママがゆっくり仰向けになります。赤ちゃんの表情がこわばったらそこでストップ。このように毎日少しずつ傾斜をつけながら、ママが仰向けに（赤ちゃんはうつぶせ）なるようにします。座椅子など使うと楽にできるでしょう（感覚過敏の傾向はあるでしょうから、その後も経過は見守ります）。

　ほかにも、サテン生地の上だとうつぶせができた、フローリングや畳はだめだけどモコモコした絨毯の上だとうつぶせができた、といったママからの報告もありました。

```
【感覚統合を理解する５つの感覚】
聴覚：音のかたまりを意味があるものとしてとらえる
触覚：身体に触れた部分からの情報（情緒安定）
視覚：形、色、位置関係、距離などの認識
固有覚：圧迫、力む、関節の角度など
前庭覚：身体の傾き、揺れ、速度など
```

3　自分に自信をもってもらうこと

　幼児期に入ると「○○ができるようになった」「△△もできるようになった」と、できることが一気に増えてきます。しかし、どんなにがんばっても、お友だちはできているのに自分はなかなかできないということもあります（なわとびや鉄棒など）。そんなときは「苦手だけど練習を続ける○○くんはカッコいいよ！」「あきらめないあなたが素敵だよ！」と、やってみようとする過程自体を絶賛します。どうしても「1番だけがすごい」や「ボクだけできない……、どうしよう」など、思い込んでいるお子さんもいますが、達成することだけが素晴らしいのではなく、失敗してもあきらめないことをほめて、自分は価値のある人間だと思ってもらえるような声掛けをしています。もちろん一番になることや優秀

賞をとることは素晴らしいことですが、自分に自信をもって、失敗から立ち直る力もつけてほしいと思っています。

　ちなみに筆者は昔から不器用です。運動が苦手で、どんなに練習しても逆上がりができるようになりませんでした。でも、「クラスのなかで私だけ逆上がりができないけど、だれとでもすぐにお友だちになれる特技をもってるもん」と、ある意味開きなおり、体育の時間をやり過ごしていました。苦手な場面で意気消沈している児を見ていると、あの頃の自分を思い出しながら「逃げ出したくなるような場面に出会っても、自分の魅力的な面にも気付いて、なんとか落としどころをみつけてもらえたら」と接しています。

4 子どもの通訳者として

　保護者から「子どものいたずらに困っています」という相談も、よく受けます。「ピーナツバターを体中にべたべた塗っていた」「箱からティッシュを全部出していた」「お刺身を炊飯器に入れられた」など、内容はさまざまです。しかし、乳幼児の行動はいたずらではなく、「確かめたい！」という行動であることが多いのです。そこで、「お子さんはいま、絶賛確認中の時期だから、取り上げるよりも、思う存分興味をもったことをさせてあげてくださいね」とお伝えします。経済的な負担もないように、ピーナツバターにはどろんこ遊びなどの代替方法を提案します。

　また、子どもが積木を横に並べて遊ぼうとしていると、保護者が「積木は積み上げるものでしょ！」などと口や手を出されている場面にもよく遭遇します。玩具は危険がない限り自由な発想で遊ばせてあげましょう。子どもたちが能動的に試行錯誤する機会を奪ってほしくないのです。積木は並べたり、棒で叩いて音を出したり、布で包んでお買い物ごっこをしたり、どんな遊び方をしても良いのです。

　乳幼児期はゴールデンエイジとも呼ばれており、毎日の刺激をスポンジのように吸収し学習していきます。年齢が上がるにつれ、遊び込む時間（試行錯誤する時間）は長くなり、年長児で90分は遊び続けることができると言われています。就学する頃には苦手な科目でも45分は椅子に座り続ける力をもっているわけです。

　作業療法の視点から見ると、能動的に行う試行錯誤の行為こそ、子どもの発達のベースに当たるものです。べたべたするものでボディイメージをふくらませたり、指先で操作したり、心地よい刺激で気持ちを落ち着けたり、予想しながら変化を確認したりする経験は、心も体も頭脳も成長させます。「汚されると洗濯がたいへん。あれもダメ、これもダメ」ではなく、危険のないよう環境を整え、ある程度の汚れは勲章と思って、思う存分遊ばせ

ることをお勧めしています。

　保育園・幼稚園の巡回に行くと、保育士らがふだんの悩みを相談してくれます。作業療法士は「動作分析」が得意なので、園児らの遊ぶ様子を見せてもらいながら数分で、筋力など身体の評価をします。しかし、稀に「ほんの少し見ただけで子どもたちの何がわかるんですか？　私たちは何年もこの子たちを見てきているんですよ！」というお言葉をいただくこともあります。「分業、協業できたらなぁ」と思う瞬間です。

　筆者の理想としては、

作業療法士「○○くんは体幹が弱いから、ぐにゃぐにゃした姿勢になっていますね。彼が夢中になる遊びは何ですか？　たとえば木登りとか、重いものを運ぶとか……」

保育士「○○くんは、砂場で遊ぶのを好みますね……」

作業療法士「では、砂場に水をバケツで運んでもらうという役割を、彼にお願いすることはできますか？」

保育士「あっ、砂場で川を作ってみようって誘えば、よろこんで水を何回も運ぶと思います」

作業療法士「ぜひ、そういうふうに、体力を使う遊びを継続して行ってみてください」

　このように、

　　　私は行ってほしい動作を提案する

　　　　　　　　⇓

　　　担任が彼の性格や好きな遊びを思い浮かべる

　　　　　　　　⇓

　　　一緒に具体的な遊ばせ方をいくつか考える

と、分業・協業でお互いの知識を出し合えたら、子どもたちは訓練や練習でなく、知らず知らずのうちに遊びながら成長できると考えます。

　ほかにも、しっぽとりを怖がってできない、という相談もよく受けます。遊んでいる様子を見ると、平均台の高さを異様に怖がったり、お友だちの急な動きに驚いている様子から「重力不安」などをもったお子さんであることが伺えました。保育士は「ほら、大丈夫だよ～」と誘いますが、縦横無尽に大勢の子どもたちが走り回っているなかに入るのは、本人にとっては高速道路の真ん中に立つようなもので、全然大丈夫ではありません。

　自分が見えている世界が、他の人と全く一緒とは限りません。こういうとき作業療法士は「子どもの通訳者」になったつもりで、彼が見えているであろう世界を保育士に伝えます。すると、「本人にとって、しっぽとりはそこまで恐怖を感じるものだったのか」と気付いてくれます。先生が本人に「どういう方法だったらやってみたい？」と聞いたところ、「先生と手をつないでならやってみたい」という意見を聞くことができました。

また、持久力をつけてほしいお子さんほど、早くしっぽを取られてしまって、早々に応援する側になり、持久力向上につながりにくいこともあります。しっぽを3本つけて走る、先生から次のしっぽをもらうなどして、全員が楽しく走り回れる時間が長くなるように工夫をしてもらえたらな、と思います。

幼児期にやってほしい感覚遊びや運動はたくさんありますが、注意してほしい点は、訓練のように押し付けないことです。それでは子どもはちっとも楽しくなくて、避けるようになってしまうかもしれません。筋力や持久力を使う遊びを、いかに楽しく続けるかがポイントです。

5 ふだんの様子から見つめなおす

震災から1〜2年ぐらい経った頃でしょうか。十数名の園児の様子を見ていたら、つま先歩きをしている子が多く、驚きました。自閉症のお子さんがとる行動として知られていますが、十数名の集団で自閉症の幼児が複数いることは考えにくいと思い観察していると、どうやら外遊びができないため、身体を使った遊びが少なく、つまさき歩きによって刺激（固有覚）を入れていたことに気がつきました。思い返すと、幼児の保護者から「抱っこすると私の肩を噛む（固有覚）んです」という相談が多くあった時期でした。子どもたちなりに、外遊びの代替えとして、脳の栄養素である固有覚系の刺激を入力して満たそうとしていたと考えられます。

そこで、つま先歩きや母の肩を噛む児の保護者には、歯を食いしばって力を入れるような遊び（タオルをつかんで寝ころがった大人を引っぱったり、うつぶせの児の上に親が適度な重さで覆いかぶさってそこから脱出したり）などを紹介しました（参照：写真1「親子で脱出ゲーム」）。現在、外遊び制限は解除されました。つま先歩きをするお子さんは激減し、「私の肩を噛むんです」という相談はまったく聞かなくなりました。

震災後3年ほどたったある日のこと、保育園のお昼寝の時間でした。突然のスコールで園舎の屋根を叩きつけるような轟音が響き渡りました。すると、震災前に生まれた園児らのクラスからは複数名の児らの泣き声が聞こえてきたのに対して、震災後に生まれた園児らはすやすや眠り続けていました。一概には言えませんが、ひょっとしたら震災経験児は常にリラックスできずに無意識に緊張状態が続いているのではないのだろうか、スコールの轟音が地震前の地鳴りと似ていて恐怖がよみがえったのではないか、と考えがよぎりました。筆者は「震災を経験した園児らは、一見何ら変わりなく生活しているように見えるけれど、心の底ではリラックスできていないのかもしれないですね」とお伝えしました。

写真1　親子で脱出ゲーム　　　　　　　写真2　親子ふれあい遊び

　震災前後で何らかの違和感をもっていた保育士さんたちも、どうすればその恐怖を和らげることができるか考え「お母さんのスキンシップにはかなわないけれど」と言いながら、意図的にスキンシップの時間を増やしてくださったようでした。

　ある園の年長クラスで、50分ほどの親子体操を行う機会に恵まれ、意図的におんぶやだっこなどのスキンシップの多い遊び（参照：写真2「親子ふれあい遊び」）を実施しました。「内容が幼すぎるかな？」と危惧していましたが、子どもたちの楽しそうな歓声が響きっぱなしでした。時間になり、終わりの挨拶をしても、「まだママと遊びたい」と泣き出す児童が複数名いました。

　そのとき、思い出したのが子育てアンケートのことでした。南相馬市では、4か月児健診時に「子育てアンケート」（南多摩保健所プロジェクトチームが「子育て虐待予防スクリーニングシステム」で開発したアンケート）を平成20年度から実施しています（大樂千春「平成24年度福島県保健衛生雑誌」26頁より）。

　平成22年度（以下：震災前）に4か月児健診を受診した児の母親495名と、平成23年度（以下：震災後）に4か月児健診を受診した児の母親157名のアンケート結果を「育児をする中で迷ったり、悩んだりすることはありますか」の問いで比較すると、以下の2項目で増加が見られました。

　　・「上の子への対応」震災前28%⇒震災後35.7%
　　・「あかちゃんがえり」「落ち着きがない」「乱暴」震災前31.2%⇒震災後52.9%

　また、増加を予想したのに変化がなかった項目は、「（育児に対し）負担が増え疲れる」「よくイライラしている」でした。一概には言えませんが、震災後に必死に生活を再建している親に甘えられなかった子どもたちは、ひょっとしたら「おりこうさん」でいるようにがんばっていたのかもしれません。

　保育士さんたちも「親子のふれあいが少ないのでは」と感じている方が多いようでした。「教えてもらった遊びを、自宅でも行ってくれたご家庭もあったようです。泣いていた△△くんも、パパママだけでなく、おばあちゃんとも身体を使った遊びを増やしたようでだ

いぶ落ち着いてきたんですよ」と、嬉しい報告もありました。

東京電力福島第一原子力発電所事故（以下、原発事故）の影響で、外遊びの時間制限が設けられたり、砂遊びが十分にできなかったりした期間がありました。震災から5年ほどたった頃、中学校教諭から「最近生徒たちは自由時間に砂遊びをしているのが流行っている。もっと中学生らしい活動をするよう促したほうが良いでしょうか」という相談を受けました。彼らは幼児期の砂遊びの経験が足りないまま成長したが、除染活動も終わり、砂も入れ替えられ、保護者の心配が減った頃にやっと安心して砂遊びが開始できたのかもしれません。「他の活動を無理に促さず、彼らが飽きるまで砂遊びをさせてほしい。満足すれば次の遊びに変わるかもしれないが、時間は要するかもしれません」とお話ししました。

6 一人ひとりの子どもに寄り添う地域のネットワークを

震災後、子どもたちは特殊な環境（仮設住宅で育つ、外遊びの時間制限など）で育ちました。福島県の子どもたちの肥満増加のニュースなどが流れるたびに、原発事故さえなければと臍を噛む想いで躍起になっていた時期もありましたが、同僚の「子どもたちには『福島に生まれて良かった』と思ってもらいたいんだ。」という言葉にハッとしました。学力や体力テストなど点数化されるものに一喜一憂しがちですが、子どもたちの点数化されにくいもの（誇り、自信、SOSを出せる力、他者を思いやる気持ちなど）を重視したいと思いました。

『親はなくとも子は育つ』ということわざがあります。不幸にして生みの親がいなくても、まわりのいずれかの人のあたたかな心づかいと自分自身の力で、子どもは育っていきます。このことわざは、今の時代でも通用するでしょうか？　犯罪や事件が増えるなかで、子どもを守るために他者とのかかわりを最小限にした結果、昔とは異なる子育て事情になっています。

多種多様な専門職が連携することに加えて、地域の老若男女ともつながりや相互理解ができてくると、「暮らしやすい地域」に変わる。それは、従来から理論的には唱えられていることですが、実現するのは難しいのが現状です。筆者は地域を劇的に変える術をもっていませんが、保護者への啓発活動や保育士、療育者向けの研修を行ったり、一市民として地域のイベントに参加しご近所さんと交流したり、保育士さんたちから飲み会に誘われれば喜んで合流して、お互いの悩みや現場の話（ときには愚痴も？）で盛り上がり、お互い新しい気付きや知識を得ることも多々あります。山積している課題に手も足も出ないと無力感に襲われることもありますが、変化が出るのは何世代も先かもしれないと思いなが

9　震災後の乳幼児と作業療法士のかかわり　127

ら、自分ができる交流からはじめて、楽しみながらつながりがひろがると良いなと考えています。

【参考引用文献】
『子どもの理解と援助のために　感覚統合Q＆A』共同医書出版社

Ⅴ　地域・施設・学校をつなぐさまざまな支援のかたち

10　児童養護施設と家庭・学校の橋渡し

1　児童養護施設で考えていること

　私は、児童養護施設（当園）で児童指導員として勤務し、その後、専任のファミリーソーシャルワーカーとして勤務しています。当園の『ファミリーソーシャルワーカー業務要綱』にもとづき、児童相談所と家族の窓口として、親子の再構築、家庭復帰のための支援を行っています。児童相談所とも連携しながらよりよい家庭支援を目標に取り組んでいます。近年は、入所期間が2年ほどで家庭復帰となるケースも増えてきていて、児童相談所とともに「家庭復帰プログラム」を作成し、子どもの気持ち、親の気持ちを確認しながら、家族としての力を引き出せるよう努めています。いつかは家に戻る、戻すことを目標に支援をしています。社会福祉士でもあることから、支援には各分野で勤務する社会福祉士の存在が力を与えてくれています。現在生活している子どものほとんどは、私が児童指導員であったことを知らず、私は子どもにとって「お家（家族）とつながっている職員」です。児童指導員として子どもと生活した経験はこの業務遂行の礎であり、私の強みであるとも思っています。

　児童養護施設のファミリーソーシャルワーカーとして、たくさんの子どもや保護者に出会ってきました。そのなかで、現代の子どもを取り巻く環境の複雑化により、子どもと家族が課題をもちながらも、自分たちのよりよい生活を目指してがんばっている姿や想いを、支援の経過とともに伝えてみたいと思います。

(1) 子どもを取り巻く環境の変化と複雑化

　現代はさまざまな家庭状況があり、虐待のみならず、貧困、子どもの貧困、親の精神疾患、若年妊娠・出産など子どもを取り巻く環境は大きく変化しています。子どもが生活す

るなかでどのような状況にあろうと、子どもが権利の主体であることが大切であり、子どもの権利擁護の視点で子ども家庭支援を考えていく必要があります。

　当園でも、入所児童数は減少しているものの、多くが被虐待児童であり、一人ひとりのもつ課題の困難さ、高校生の自立支援の強化、小規模化による個別支援の充実など取り組むべき課題は多く、職員自身が求められるものも多様化しています。かつては施設全体での行事や日課も多かったのですが、現在は、施設の事業方針や理念にもとづき、「自ら住みたくなる家づくり」を、職員と子どもが一体となって考え、子どもにとって安心・安全な生活に努めています。

(2) 子どもはどのような大人を求めているか──児童養護施設の立場から

　家族のなかで、本来無条件に愛され、受け入れられるはずの親から見放され、愛着を構築できずにきてしまった子どもたちとの出会いから、支援は始まります。出会えたということは、その子ども自身が過酷な状況のなかにも、懸命に生き延びてきた証であると私は思います。出会ったからこそ、その大切な命を、そして一人ひとりのありのままを「かけがえのない存在」として責任をもって向き合っていくことが求められます。子どもはすぐに答えがほしいわけではないのです。ともに悩み、喜び、子ども自身の生い立ちや親のこと、これからのことなど、その時々で一緒に考えてくれる、苦しさを理解してくれる、自分を信じてくれる、ときに一緒に迷ってくれる大人を、子どもは求めています。ことばにできない、ことばにならない気持ちを察すること、寄り添うこと、寄り添い続けることなのかもしれません。本当に求めているのは「親」であり、その親に向き合うために、「職員」を介して、ことばで、行動で練習を繰り返していくのです。だからこそ、子どもに試され、振り回されます。職員の立ち位置や役割によっても求められるものも異なってくるものです。関わる職員一人ひとりの個性、自分の持ち味、強みをいかに発揮できるかも重要な要素でもあるのではないでしょうか。

2　愛着を構築するということは──「大切な人を心に住まわせる」

　家庭のなかで存在が大切にされてこなかった子どもたち、自らの内側に自分という暗黙の感覚が育まれてこなかった子どもたちへ、自分たちは生きていて幸せだと感じられるような、さりげない配慮のこもった日常生活を積み重ねていくことが施設には求められると言われています。子どもの愛着の再構築も大切なものとして扱われています。

私自身の児童指導員としてかかわりを、子どもとのエピソードをもとに振り返ってみます。

　女児Aは、幼児期から学童棟で一緒に4年間担任・担当しました。母親との交流がないAは、幼稚園に通うようになり、毎日母親と当園してくるお友だちを見ることになりました。ある日私に「ほんとはママなんでしょ」と問います。そう思いながら安心して生活しているからこそ、私はAに乳児院から持参したアルバムを見せ、母親がいること、私が「ママ」ではないことを伝えました。Aは出生時の影響で、下肢に軽い障害があり、補装具を使用していたこともあり、私自身Aに対する思いも強かったと振り返ります。私がファミリーソーシャルワークに異動になり、管理棟で勤務をすることを知った2年生Aに、「何でわたしをおいていくの」と言われたことは、今でも忘れられません。毎日Aとの接点をもちながら、時間が経過して少しずつ離れ始めた頃、「ここ（心の中）にお姉さん（ファミリーソーシャルワーカー）がいるから大丈夫」と、自分の胸を指さして話してくれました。その時からは私は遠くで見守る人となりました。その後、自分の生い立ちや自分自身のことに悩みながらも、たくさんの職員に支えられ、19歳で卒園しました。グループホームで生活し、職場に通勤しています。卒園する日、Aの居室には、幼稚園の頃、私がAのものだとわかるように名前と一緒にくまのアップリケを縫い付けたタオルケットがたたんで置いてありました。かなりくたびれたタオルケット。10年以上も持ち続けてくれていました。嬉しさもありましたが、いろいろな思いが込み上げてきたことを思い返します。少しはAの心に「大切な人」として住むことができていたのでしょうか。

　当園では、子ども一人ひとりを「みとめて」「ほめて」を実践し、子どもの自己肯定感の獲得に努めています。担任もそうですが、職員全体が本当に一人ひとりの良いところを見つけ、「みとめて」「ほめて」に努めています。もちろん課題にはしっかり向き合うこともしています。子どもたちは安心感のある何気ない生活のなかで、「大切な人」との関係を紡いでいくものです。職員室では、職員が生活のなかでの出来事など、子どもの様子を話しています。自身が考えたこと、感じたことを伝え、他の職員がどう見るのか、情報交換をしながら、自分のかかわりを確認したり、助言をもらったりといった光景があり、課題も共有しています。子どものできたことを自分のことのように喜び、話す姿からも子どもへの想いが伝わってきます。何気ない話のなかに、かかわりのヒントがたくさんあるものです。

3　子どもをひとりぼっちにしない

　子どもにとって、どんな親であっても「かけがえのない存在」であることは周知の事実

です。子どもの発達保障や自立支援には「親」の存在は欠かすことができないものです。当園でも生活のなかで、子どもが話す親について、職員自身が耳を傾け、向き合ってくれています。交流を重ねるなかで親自身が変わっていく姿を見たり、感じたりすることで、さらに親イメージの回復につながっていきます。しかし、簡単なことではありません。ときとして、子どもにつらい現実と向き合わざるを得ない場合もあります。職員や心理職員等との連携が子どもを支えてくれます。

(1) 保護者との関係構築

　保護者への対応は難しく、相談関係、信頼関係を構築することには苦慮するものです。私はたくさんの親・家族と出会ってきましたが、親への支援も入所時から始まります。親との関係性の構築には、職員としても親を理解することが重要と考えています。親自身も子どもの養育に限界を感じたこと、虐待の事実に後悔もあります。親もそうせざるを得なかった理由があるのです。これまで試行錯誤しながら、親にかかわってきましたが、「親と一緒に子どもを育てていく」ことが、施設の役割であると考えています。「親」として認めることから始まるように感じています。もちろん、児童相談所との連携も欠かせません。
　毎月「家庭つうしん」を全家庭に郵送しています。この「家庭つうしん」が親との信頼関係構築に役立っています。親に郵送できない子どもについては、児童相談所の担当児童福祉司宛に郵送しています。園の職員以外にも応援してくれる人、大切に思ってくれる人がいることを子どもには伝えています。「家庭つうしん」はファミリーソーシャルワーカーと担任とで記入しています。園全体のことや親の近況を伺う内容はファミリーソーシャルワーカーが、「学校の様子」「健康」「生活の様子」は担任が記入します。A4サイズ1枚ではありますが、イラスト等で枠取りをしながら、手書きで作成しています。できるようになったこと、がんばったこと、応援してほしいことなど、いいことだけでなく課題も併せて伝えています。一緒に子どもを育てていく関係だからこそ、説明責任が必要です。離れて生活している親にとって子どもの様子を知ることは、安心でもあり、子どもへの関心も高まります。親も子どもを知らなければ、変われません。親の気づきにもつながり、親としての自覚にもつながっているように感じて続けています。親にも「相談」にあたっての拠りどころが必要であると思います。

(2) 子ども・家族のよいところをみつけよう

　その子ども、その親・家族のストレングス（強み）を見つけ出していくことが大切であ

ると思います。できないこと、デメリットを見つけることは安易にできてしまいがちです。できない、だめであると決めつけてしまうと、肯定的な見方ができなくなってしまいます。一般的に「できない」と判断されることでも、その子どもや家庭にとっては「最大限」であるかもしれませんし、家族なりの考えがあっての対応なのかもしれません。そのことに気づいているでしょうか。

　子どもや家庭の強みを見つけるためには、しっかりとその子どもや家庭を観察しつつ、よく話をすることが大切です。子どもや家庭の話に耳を傾けていくことが大事であると思います。ファミリーソーシャルワーカーとして入所児童の保護者を支援していくなかで、相談関係ができ、子どもとの関係も回復できてきたと感じるのは、保護者が自分のできなさ、自分の生い立ち、自分が子どもにしてきた不適切なかかわりについて、振り返り話し始めたときです。

　ファミリーソーシャルワーカーがどんな人なのか、指導する人なのか、攻撃する人なのかなど、この私をどう受け入れていいのか、保護者は構えます。「できない」と言ったら、親として認めてもらえない、家に帰してもらえないかもしれないと考える保護者は、子どもとのかかわりでの難しさをファミリーソーシャルワーカーには伝えてきません。子どもや保護者の応援者であることを伝え続けて関係を築いていくことを心がけています。

私「私は、お母さんがBくんの何でもやってという対応に困っていないかなと思っているんだけど、心配しすぎかもしれないね。お母さん、がんばっているんだもんね」

母親「実は、あれ買って、これ買ってと言われどうして買ってしまう。ダメって言ったら、関係が壊れちゃうかもと思うと言えなくて。でも、しっかり伝えなくちゃとは、わかっているんだけど」

私「そうだったんだね。話してくれてありがとう。見ていて、少し大変そうだなと思っていたんです。私だって対応に難しいと思うことがあるから……」

母親「困っているって、言えなくて」

私「一人で困ってたんだね。誰かに話したことはあるのかな。こんなことに困ってるとか、こんなときにどうすればいいのとか、思ったことや考えたことなど、何でも話してもらっていいんだよ。一緒にBくんの関わりを考えていきたいし、お母さんを応援していきたいし。Bくんにとってお母さんは大事な存在なんだもの。……お母さんが元気でいてくれることがBくんにとって大事だよ」

　Bのお母さんは、その後、交流のなかで感じたことや自分がやってみたことについて話してくれるようになりました。Bは3人兄弟の2番目、今いちばん手のかかる子どもです。Bとのかかわりに焦点を当てながら、親子の時間を過ごしてもらい、兄の対応や弟の対応についても、自分でこんな対応してみたなど、その都度話をしてくれます。

10　児童養護施設と家庭・学校の橋渡し

この兄弟は、数年前別の児童養護施設で生活し、家庭復帰しており、その後当園に入所となりました。母親は、本児たちに「早く家に戻れるようにママがんばるからね」と伝えることで、親子関係をつないでおきたいと思っていました。不確実なことを伝えていると、子どもの不信にもつながりかねないのですが、伝えずにはいられない母親なのでした。

　母親が自分の課題に気づき始めたとき、「私、早く帰れるようにがんばると子どもたちに言ってきたけれど、このことを話すことのほうが子どもにとって残酷なことだって思うようになりました。『ママもお仕事がんばるから、園で元気に生活していてね。いつも会いに来るからね』って話してみたんです」と、話をしてくれました。ファミリーソーシャルワーカーとしては、母親の自己覚知を嬉しく思い、「そのことを伝えることに勇気がいったね。でもお母さんのことばで伝えてもらって子どもたちにもしっかり伝わったと思うよ。お母さん、がんばったね」と伝えました。

　その後、母親には、兄のこと、弟のこと、Bのことについて、こんな様子のときはどうするなど、情報共有しながら一緒に子育てを考えることにつながっています。本当の意味で、「こんなことに困っている」「こういうことが難しい」と言ってくれたときにはじめて、親が親として子どもとの生活を考え始めていることを確認できると感じています。

　「一緒に考えよう」ここから保護者や子どもをひとりぼっちにしないことにつながるのではないでしょうか。どこにも相談することができない母親だったことを考えると親としての成長と子どもと一緒に暮らすと決めた覚悟を感じられます。

⑶ 子どものことばや行動の裏にあるもの

　当園の子どもは入所にともない、施設のある学区の小・中学校に転校します。生活環境や学校生活が大きく変化するのですから、よいスタートが切れるよう学校への情報提供や連携が必要となります。この学区は支援を必要とする家庭が多い地域でもあります。

　「施設の子」というスティグマは払拭できないのが現実です。施設の子どもが、子ども集団のなかでの問題の核とされてしまいがちですが、ときにそういう役割を演じなければならない状況も起こります。

　小学4年生のCは、幼児期から兄と園で生活をしています。家族とは長期休業中に帰省をしながら交流しています。家への気持ちはありますが、母親の能力的な課題から、園での生活の継続についても理解しはじめています。4月に担任教諭が変わり、C自身も自分を認めてほしいこともあって、なかなか落ち着かない日が続きました。ある日、学校の休み時間にCと一般家庭のDくんがトラブルとなり、Dくんに対し不満をぶつけ、お腹をパンチするといった行動をとり、指導されることがありました。Cがなぜそこまでの行動に

至ったのか、職員としては報告を受けながらも、多方向から考えました。なかなか本当のことを言わず、謝罪をすることもできず、反省がないとCの行動だけが取り上げられてしまいました。

　園の職員が話を聞いていくなかで、Cは少しずつ話をしてくれ、最終的には自分のやったことはいけないことで、Dくんに謝りたいことや、もうしないことを話しました。Cがそこまでの行動に至った理由は、Dくんに「園は親に捨てられた子どもが生活するところでしょ」と言われたことが悔しくて、納得できなかったのです。Dくんは「園は親に捨てられた子どもが生活するところ」と誰に教えられたか、またなぜそう言ったのか、職員としても考えさせられました。園の子どもはみんなそう思われているのか、そうなのであれば子どもが学校でそれぞれが孤立してしまうでのはないか、子どもの権利擁護の点から不安がありました。

　ファミリーソーシャルワーカーとして、Dくんのそういう言動の起因するものは何かを、家庭環境の面から考えてみました。Dくんの家庭環境はあまりよいものではありませんでした。以前、園の近くに開設している同法人の保育園に、夜間、小学生がリュックを背負って来るという出来事がありました。当園に連絡があり、よく聞いてみると「言うことを聞けないなら、園に行け」と親に言われて出てきたとのことでした。小学校に連絡し、その小学生は自宅に帰りましたが、まさにその小学生がDくんだったのです。DくんはCに対し、自分と同じ境遇であると思ったかもしれないし、園で守られ元気に生活しているCを羨ましくも思ったのかもしれません。一番困っていたのはDくんです。子どもの問題行動の裏にあるものをしっかり見極めていかないと、子どもの心を傷つけてしまったり、子どもから発信されるSOSに気付かず、置き去りにしてしまったりすることにもなってしまうのではないかと考えさせられました。

4　わたしのために動いてくれる大人の姿

　子どもにとって、どんな大人に出会ったかによって、その後の生き方が大きく左右されると言われます。課題をもった家族も同じであると思います。「大切な存在」であることを受け止め、期待されていることや可能性を信じていてくれる存在があって、安心して生活し、自尊感情の回復につながり、生きる力が生まれます。

　施設の養育は、職員一人の養育ではなく、たくさんの職員との相互作用により成り立ちます。どんな状況であれ、必要なときに必要な支援を提供できることが専門性として施設に求められるでしょう。職員自身もそれぞれの育ちがあるなかで、子どもの生活を支援す

るには、職員間の連携が不可欠であると考えます。子どもは魅力ある大人にひかれていく
ものと言われます。職員一人ひとりの自己理解と施設全体として一人ひとりの魅力をどう
引き出していくかが、子どものよりよい生活や子どものもとめるおとなに近づいていくこ
とにつながるのではないかと思います。

　学校に置き換えて考えてみても同じことが言えるのではないでしょうか。学校には教職
員、養護教諭、支援員、スクールカウンセラー、スクールソーシャルワーカー、そして地
域の支援者など、たくさんの大人がいます。小さな変化に気づいた人、子どものSOSを
感じ取った人が、まず発信してみることが大切ではないかと思います。支援を必要として
いる子どもは、なかなか声を出すことができないものです。課題がすぐに解決されなくて
も「ぼく・わたし」のためにたくさんの大人（教職員・職員）が動いている姿を見せること
が、子どもの安心感や声にならない気持ちに寄り添うことになるのではないでしょうか。

　かかわりの難しい保護者について、どう受け止めていくかも大事な要素になります。『モ
ンスターペアレント』で片付けていませんか。ことばで向き合っているつもりが、気持ち
や想いは自然とことばや表情、態度で伝わってしまうものです。保護者がなぜそういう行
動をとるのか、何を伝えたいのか、自己犠牲にしてまで伝えたいことは何かを考えていく
ことも必要だと思います。攻撃という固い鎧を纏った自己防衛なのかもしれません。本当
は困っている、相談したいというSOSなのかもしれません。学校場面におけるトラウマ
なのかもしれません。かつて支援の手が届かず、置き去りにされてきた子どもが親となり、
子どもをもつことではじめて親としての支援の光を当ててもらえた保護者という『子ど
も』であることを忘れてはいけない、とある研修で聞き、あらためて子どもが生活する家
庭環境の大切さと保護者の理解について考えさせられたことがあります。

　子どもは家族の問題を映す鏡であると言われています。現在は家庭訪問も減ってきてい
ると聞きます。どのような家庭環境で子どもが生活しているのかを知ることが、子どもの
理解にもつながっていきます。子どもの権利擁護、子どもの未来のために、何が必要で、
何ができるのかを、一人で抱え込まず、組織として多角的にとらえていくことが求められ
るのではないかと思います。

【参考文献】
鈴木文「今まで出会ってきた子どもたち、そして今共に生活する子どもたちと歩む」『季刊児童養護』
　第48巻3号、社会福祉法人全国社会福祉協議会・全国児童養護施設協議会、2007年12月。

Ｖ　地域・施設・学校をつなぐさまざまな支援のかたち

⑪ 相談支援専門員による学校支援と支援者支援

1　地域相談センターの相談支援専門員として

　自己紹介をするときに「相談支援アドバイザーの鈴木です」と、常日頃からお伝えしていますが、心のなかでは「何をしているのか伝えづらい名称」と感じつつ、この業務を担当して13年目になります。「少しでも教育に関係する支援者のみなさまのヒントになることがあれば……」と思いつつ、実践や心がけていることを紹介します。

　「相談支援アドバイザー」という名称は、他県では「地域生活支援コーディネーター」とか「圏域マネージャー」と呼ばれることがあるようです。仕事の内容としては、《障がいのある方やそのご家族・ご親族から直接お話しを聴き、課題の解決に向けてコーディネートをすること。障がいのある方に関係する教育・医療・福祉・母子保健・司法・地元の方々など支援者のみなさまから相談を受け、課題解決に向けたアプローチを行うこと。地元で安心して住み続けられるために社会資源を点検・把握し続け、課題に向けた行動計画を立て、それを実践しソーシャルアクションを図ること。東日本大震災で被災した障がいのある方の帰還や避難先での必要なお手伝い、事業所の再稼働にむけた立ち上げ支援。地元の障がい福祉をどう進めていくか、地元の課題を協議する地域自立支援協議会のエンジン》といった、圏域全体を見渡して、圏域をかけずりまわりながら考え、少しでも圏域の課題解決を図ることができるよう働きかけを続けていくこと、地元の力で課題が解決できる懐の広い地域創りを図ることが中味です。

　福島県内すべての障がい保健福祉圏域に「相談支援アドバイザー」は配置されており、あたりまえのことですが、地域のオーダーはそれぞれなので、それぞれのアドバイザーが実際に行う実践は異なります。それぞれの課題の解決に向けた取り組みを行い、その積み重ねがその地域の財産となって、より良い地域創りが継続されていくものだと思います。

　私の場合、ほかにも福島県発達障がい者支援センターのブランチ的役割として発達障

いに特化した支援体制構築や、学校・就職先などにおける環境調整を担う「発達障がい地域支援マネージャー」、1市1町3村（あわせて人口10万人程度）から委託を受け、地元にお住まいの方が相談できる市町村の一般的な相談窓口と、福祉サービスを利用することに必要となる計画相談（サービス等利用計画・障がい児支援利用計画作成）を行う相談支援事業所の「相談支援専門員」。また、保育所・幼稚園・小中学校・児童館、児童クラブを巡回させていただき、困り感のあるお子さんへの支援を一緒に考える役割をもつ「巡回支援専門員」も兼ね、ときには支援者向けの研修会講師を担当しています。

　ですから、自分がいま、どの立場で仕事をしているのかわからなくなることもあります。でも、これがソーシャルワーカーなのかとも思っています。

2 日々、心がけていること

　13年間の相談でかかわりのあった方の名簿には、その家族や支援者まで数えたことはないのですが、2000人ほどのお名前があります。記録として残せている相談は年間1000件程度あります（すべて記録に残せるだけの時間やツールがあれば良いのですが）。休日に近くの大型スーパーに買い物へ行くと、5分おきに誰かしらに会い、その場で相談を持ちかけられます。

　お子さんの相談を受けると、そのうちの数名はご家族にも支援が必要な方です。私の顔を髪型でしか認識できないという保護者がいますので、髪型はほぼ刈り上げで、服装もあまり変えません。面談では「わかりました」と話されても、私の説明が下手なのか、記憶を留めておくことが苦手なのか、数日後には話をしたことをすっかり忘れてしまっている方が稀におり、面談で決まった予定や大事なことは、その場でノートに書いてお渡しすることにしています。コミュニケーションツールとしていつも飴玉を鞄に入れているので、「今日はキャラクターが決まっていないから会えない」という不登校がちな中学生からは「飴のおじさん」と呼ばれています。

　支援者のみなさまからは「被災して避難されてきた10人家族（うち8人が障害者手帳を取得）への支援」「白鳥を捕って仲間と煮て食べちゃう方がいる」「計算が苦手でお札で買い物をして小銭はそのへんに捨てちゃう方がいる」など、アドバイスに戸惑う相談がいつも突然やってきます。ほとんどの相談は、「困難な事例」ではなく「混乱」しているだけであったり、余力の無いなかで「この支援方法でまちがっていないかな？」などの不安をもっていたり、「俺がやらなきゃ誰がやる」といった責任感の強さからくる抱え込みからストレス過多となっている場合が見受けられます。私は、「それは大変ですね」と共感し、

「よくやってますね」とがんばりを認め称えたり、考え方を整理するお手伝いのために傾聴などをしたり、自分のもっている情報を提供するくらいしかできませんが、そういうかかわりをもつだけでも、支援者は自信をもって前向きに仕事ができるのかもしれません。

　震災の直後、応援に駆けつけてくれた他県の応援者に、「一緒にいてもらえる、話を聴いてもらえることが、いちばん助かったこと」だと、被災の度合いが高い地域で相談支援専門員をしていた方から聞いたことがあります。

　学校へ巡回相談としてお伺いするときは、障がいの理解や具体的なかかわり方だけでなく、「先生が訛れば、生徒も訛る」とお伝えすることがよくあります。先生が生徒を叱れば、同じ口調で友だちもその生徒とかかわります。先生が落ち着いていないと、生徒も落ち着きません。その逆もあれば、保護者とお子さんの関係でも同様かと思います。これまでの経験から「支援の度合いが高ければ高いほど、技術より（生徒だけでなく保護者とも）関係性が大事」とお伝えしています。お子さんだけでなく、ご家族にも、先生にも元気になってもらえるためには何が必要なのか、一緒に考えるよう心がけるようにしています。

　ずいぶん昔のことですが、課題解決を行うアドバイザーには「後ろは無いよ、最後の砦」と、県の担当者から言われたことがあります。福島県内には、現在（平成29年度）12名の相談支援アドバイザーがおり、頼れる先輩方や関係する機関の専門家が、実は身近にいるのです。

　「目の見えない方も楽しめる映画をつくりたい」というご相談がきたとき、視覚支援学校で長年働いていた先生に教えてもらおうと電話をすると、「あ～、わかりました。その方に電話をしておきますね……（ガシャン）」と電話を切られ、いまだに私は「目の見えない方が楽しめる映画」をつくる方法がわからないままです。自分だけですべての解決を図るのではなく、お会いすることのできた専門家や有識者とのかかわりをつかんで放さず、あらかじめ「このテーマなら○○さんに相談する」と決めておき、その都度電話などで助言や協力を求め、何かしらのヒントをいただいています。そのことで、課題をひとりで抱え込まずに済んでいるのだと思います。

　一人ではできない仕事であることが特徴ですので、誰とでも仲良くできるよう、ふだんからケンカをしないことを心がけ、「ギブ＆テイク」の言葉には「ギブ」が先にあるように、助言や情報をもらうだけでなく、自分の専門における技術ももてるよう学び続け、助言を求められたらお返しすることができるよう「わからないことをわからないままにしない」という先代コーディネーターからの助言を守り続けています。

　以前、とあるスクールソーシャルワーカーさんから「私は学校や教育のなかから切り崩すから、鈴木さんは福祉からどんどん介入してきて。ヨロシク」と言われたことが印象的で、とても心強く感じたことを今でも思い出します。

11　相談支援専門員による学校支援と支援者支援　**139**

3 実は校長先生も困っている

　私は民間社会福祉法人の団体職員で県職員ではありませんが、県の事業を担当するため、名刺には福島県のマークが入り「ふくしまから始めよう」という震災復興に向けたキャッチフレーズまで入れて良いとの許可をいただいています。その名刺をパスポートのようにして、必要があれば分野を超えたさまざまなところへお邪魔しています。

　要保護児童地域対策協議会、特別支援教育連携協議会、地域自立支援協議会など、連携を図るため、それぞれの立場で開催される会議や協議会にも参加させていただいています。会議の主催・目的は異なりますが、小さな圏域でもあり、会議に参加する「関係機関」と呼ばれるメンバーはほぼ一緒です。午前に教育関係の会議に参加したメンバーが、午後の福祉関係の会議で一緒になるということがよく起きます。

　「なんで縦割りなのかな？」と思うこともありますが、私自身は別の市町村が行う同様の会議にも参加していますので、それぞれの会議の進行や内容、取り組みなどが把握できるというメリットを感じています。そのため、一概に「いつも同じメンバーで会議ばかりたくさんあって困る」とは言いにくいと思っています。ただ、それぞれの会議を主催する方々は、誰もが工夫を凝らして会を運営していますので、「あちらの会議ではこんな良い取り組みをしています」と紹介しても、聞いてもらえることもあれば、「お隣はお隣、うちはこのやり方で」というように「見下された」と勘違いをされる場合もあり、情報提供をする時期は慎重に見計らうような配慮が必要です。

　先日、地元の小中学校長の先生方が数十人集う勉強会で「課題を抱えたお子さんとその保護者さんへの支援」について話をしてほしいと、2時間の講師依頼がありました。実際の支援エピソードをもとに、障がい児支援の理解や保護者へかかわる際に大切にしていることなどをお話しさせていただいている最中に、校長先生方の食い付きがとても悪いことに気づきました。休憩のとき、オーダーをいただいた先生に「期待された内容ではなかったのですか？」と尋ねたら、「う～ん」と大きく頷いたあとに「学校には、教頭も養護の先生も担任もスクールカウンセラーもいるんだけど、結局のところどう対応するかの判断は校長に一任される。おそらく、校長としてどう対応すれば良いか迷っているってことかな。外部機関に頼んでもあまり動いてくれないから、学校で何とかするしかないと思ってしまうし、だから、その判断をどうすべきかについて聞きたかったんじゃないかな」と教えていただきました。これはしまった！と、その場で反省して「これから予定を変更して事例検討会をします」と、先生から事例をあげてもらい、1時間ほどではありましたが、ジェ

ノグラム・社会関係図・生活歴などをホワイトボードに書き出して、PDCAサイクルに沿って何を根拠にどのような対応を誰がいつまでにするのかについて話し合いをさせていただいたところ、校長先生方は身を乗り出して検討会に参加され、ホワイトボードをスマホで撮り「実際のケースでやってみます」と言われた先生もいました。

実は校長先生たちも困っていることがわかり、先生方が自分の力で解決できるための手法をお伝えすることの有効さを再認識できました。説得ではなく納得を図るために何をすれば良いか。「こうすれば上手くいく」というマニュアルはありませんが、「こうしたら上手くいったということの積み重ね」の大事さを先生たちと共有できればよいなぁと思います。改めて研修会をやるときには入念な打ち合わせをするべきと反省しました。

4 「問題視」する観点を見直す

全国的に同じ状況だと思われるのですが、子どもの数は減っているのに苦手さのあるお子さんや診断を受けるお子さんの数は増えているようで、現場の先生たちからの相談も多くあります。

私が相談支援を担当する地域でも、法定健診のスクリーニングで全体の2〜3割程度のお子さんが経過観察を要する、となっています。当然、そのお子さんたちは保育所や幼稚園、小中学校へ進学します。市町村の保健師さんと一緒に、ほぼすべての保育所や幼稚園へ巡回相談をしていますが、悩みながら支援をしている先生がほとんどです。ときには「私がもっと個別にかかわってあげることができれば、この子はもっと成長するのに」と涙する先生もいたり、今は減りましたが「他の子に迷惑をかけてしまうので、この子だけに手をかけられないし、全体がまとまらない」といった声も聞こえてきます。

このような声を聞くと、実際は少ない人員で、環境も支援も工夫を凝らしている障がい児通所支援事業所がもっているノウハウを共有することができれば、お子さんにも支援者にとっても、地元全体のためになるのにと、よく思います。数年前から障がい児通所事業所と保育所や幼稚園等がお互いを訪れ、一緒に研修会をする機会も増えていますし、意図した交流の機会を設けていくことに良い効果があると思います。

小中学校から巡回相談の依頼をもらい、授業参観をさせていただくと、教室を飛び出す子、学力や体力が極端に低い子、思ったことをすぐに話してしまうなど、授業を妨げてしまう子は担任の先生から問題視される傾向にあります。一方、専門医療機関につながり服薬をしている子、発達障がいの診断を受け授業に集中できずがんばって椅子に座り寝ている子などは問題視されない傾向にあると思います。

以前、担当する圏域のハローワークの障がい者雇用担当者が「就職できる人の3つの傾向」として、①あいさつができること、②無遅刻・無欠席、③自分の苦手なことは「これわからない」「私はこれが苦手です」と言えること、と話されていました。障がい者就労施設への福祉的就労も就職としてカウントし、就職率100％を謳う私立の高校があることも聞いています。それが本人にとってベストな選択であれば、問題視する必要もありませんが、お子さんの支援には10年〜20年先を見据えた支援が、今、あると思います。お子さんに必要な支援はなにか、ご家族の幸せって何なのか、ときどき振り返ることが大事だと思います。

5　個別支援計画を一緒に書く

　幼稚園等への巡回相談時に、個別支援教育計画作成を求められた幼稚園等の先生方から「どう書けばいいの？」「これ保護者に見せたら敵対するツールになるよね」と相談される場合が多くあります。福島県社会福祉士会が運営する障がい者相談支援（ケアマネジメント）従事者養成研修会では「個別支援計画はご本人の夢や希望を実現するツール」を学んでおり、そのこととのギャップを強く感じますが、それもそのはず、今現場で働かれている先生方が保育士や幼稚園教諭の資格を取得するための勉強をしていたときには、マネジメントをじっくり学ぶ機会が薄かった（人によっては「無かった」）と聞きました。

　その困り感を聞いたある保健師さんが関係各課の理解を得て、数年前から特別支援学校の先生や私も講師の一人として、保育所や幼稚園の先生向けに「個別支援教育（指導）計画の立て方」という講座が定期的に開催されるようになりました。その保健師さんは、公立の保育所や幼稚園の個別支援教育（指導）計画の書式を統一し、転勤しても同じ様式で計画を立てられるようにしました。それにより、ほぼすべての小学校に同じ様式の書面で情報を送り出すことができるようになりました。保育所等の先生方が、保護者への就学指導について説明するための書面を、教育委員会だけでなく障がい児福祉分野や特別支援学校のコーディネーターと一緒に作成し、就学指導審議会の検討資料には所属する保育所や幼稚園からの情報提供に加え、障がい児通所支援からの情報提供書面まで審議資料として提出する仕組みも作ってくれました。

　様式を作るにとどまらず、研修会や計画作成後の進行管理フォローを巡回相談で行うことができるようになったこと、支援ツールで橋渡しをすることが可能になったことで、支援者だけでなくお子さんの困り感も軽減されたように感じています。園に外部の目が入ったことで、先生方が見通しをもつことができ、支援のノウハウも蓄積できたのか、先生方

が以前よりまして優しく、笑顔が増えたように思います。

6 縦の連携から横の連携へ

　福島県自立支援協議会子ども部会には、障がいのある子どもに関する福島県全体の課題の協議依頼が寄せられます。平成25年には子ども部会に検討してほしい項目のトップに「地域に応じた支援体制の構築を図るための関係機関の連携と一貫した情報の共有が難しい」というミッションがありました。

　実態がわからないとどうにもならないと考え、福島県内の障がい児通所施設、障がい児相談支援事業所、保育所、幼稚園、小中学校、教育事務所、スクールソーシャルワーカー、保健師、特別支援学校の1481機関へ「障がい児支援に係る関係機関の連携に関するアンケート」を実施し、62％にあたる917機関から回答を得ました。集計してみると「連携が十分取れている」または「取れている」と回答された方が合わせて63％もおり、「普通」と回答された方も39％いました。「連携が難しい」という課題が上がったから実施したアンケートに「連携は取れている」という回答ばかりがあったことに納得がいかず、自由記述をよく読み込んでみたところ、①「縦の連携」としての幼稚園から小学校、小学校から中学校といったライフステージの移行期の情報の繋ぎといった、なんらかの連携はされているが、「横の連携」としての教育・福祉・医療といった多職種連携は難しい状況がある。②連携しようとしている人ほど、連携は難しいと感じている、という2つの現状が把握できました。

　一機関ではさじを投げるほどの支援の度合いが高い事案であれば、ケースが多職種を招いてくれますが、それぞれの支援者は、全国共通の職名をもっていても、新人とかベテランとか、立場によってもその働きが異なるのは当然です。そもそも他の職種と一緒に課題に向き合う経験が少なかった方にとっては、どんなときに何を誰にどう頼めばよいのか？という疑問もあると思います。

　以前、「興味のある異性生徒に暴力的になってしまう中学生」のケア会議の際に、考えられるだけの関係者をお招きし、スクールソーシャルワーカーが校長先生に手法をアドバイスし、校長先生自らがパソコンで社会関係図を打ち込み、それをモニターに映し出し、関係してもらえる機関のそれぞれが何をしている人で、児童との関係・ご家族との関係において学校も含めたそれぞれの立場で何ができるのかについて、校長先生が納得されるまで、お母さんを目の前に、一人ひとり確認してくれたことがありました。1時間半程度のケア会議でしたが、見えにくいところを見えやすくする工夫によって、この事案の司令塔

である校長先生にこれから行う支援の「くすぐりどころ」や「頼りどころ」を見定めていただき、リアルにお互いのことをよく知る「顔の見えるつながり」ができました。

　「困ったらケア会議」その中味ある積み重ねが、「横の連携」におけるチームづくりを強化してくれるきっかけになることを実感しています。

おわりに

　見ようとする・しないという前に、自分自身どういった窓を持っているのかを振り返ることが大切です。この窓は、個人として持っている場合もあれば、組織として、あるいは地域社会として持っている場合もあります。そして、網戸になぞらえれば、ものごとを通す／通さない網の目も窓には備わっています。

　本書では、執筆者それぞれのテーマや課題を通じて、読者のみなさんに向けて、子どもたちのいのちや暮らしを守る「窓」をいくつも開けていただきました。どのテーマにも、ややもすると（気を抜くと）閉じられてしまうかもしれないという危うさがあります。窓は換気調整に役立ちますが、網戸がついている場合、たまに掃除しないと目が詰まって空気の流れが悪くなります。この網戸の掃除のような行為が、専門職にとっての自己覚知や反省、内省などにあたるのだと思います。本書で随所に出てくる「気づき」という言葉は、まさに自身の網戸の掃除にあたるものです。

　一人でたくさんの窓をつくり、自分のなかに社会的課題を読み取る「引き出し」を増やしていくことには限界があります。オールマイティーという言葉は、科学的な専門性（専門職性）には存在しません。小さな窓をたくさんつくりすぎたり、大きな窓をつくりすぎたりして、取り入れたものに適切な整理と対応ができなくなると、結局は日々のワークの質を落としてしまい、実践の誠実さから離れてしまいます。

　では、どうすればいいのか。まずは、最も大切な窓をしっかりと持つこと、つまり、物事を整理整頓するときの枠組み（指針や方針）を明確に持つことではないでしょうか。それが「個の尊厳」「子どもの人権・権利保障」「子どもの最善の利益の保障」「誰ひとりとして見のがさない」「何をも遮らない扉をつくる（多様性重視）」にあたるのではないでしょうか。

　窓のガラスを磨いたり網戸を掃除しつづけることは、一人ではたいへんです。また、それを一つの職種や役割が担っていくことも困難です。そこで「チーム」という組織的な対応が求められてきます。チームやチームアプローチは魔法の杖ではありません。「ソロ（個人・一つの専門性）でみつけた問題をチームで解決する」といった単純な構図での発想や行動原理は危険です。チームで問題そのものを発見するという実践の仕組みが大切になると思います。その子を見守る数多くの人びとに気づくことなく、「気づいた私がかかわる」ということでは、その子のこれまでの生活経験や人間関係を見ない（軽んじる）ことにならないでしょうか。だからこそ、そのチームの一員に子ども（当事者、子どもの代弁者）がいることが大切です。学校や家庭、地域において、多様性のある世界・多様性が見られる世界とは、そこに子どもたちがいることを指すと言い換えてもいいかもしれません。

本書は、2014年にかもがわ出版から刊行した『子どもが笑顔になるスクールソーシャルワーク─教師のためのワークブック』をはじめとして、『子どもへの気づきがつなぐ「チーム学校」─スクールソーシャルワークの視点から』(2016年)、『子どもの貧困に向きあえる学校づくり─地域のなかのスクールソーシャルワーク』(2018年)と続く、いわばシリーズの第4作目にあたります。これらの著作では、学校におけるソーシャルワークをめぐり、子どもたちや社会への気づきのために窓を創り、重たい扉を開けることのできる身体・体力づくりと、どの窓を開けるのかといった今日的課題について、数多く取り上げてきました。そして、本書においてようやく子どもたちの基本的人権の保障（個の尊厳の保障）のテーマにたどりつくことができました。行政施策の提言や抽象的な行動原理の提唱、あるいは観念的な必要性論からではなく、子どもたちや保護者などの声や対話から受け取った実践の事実を織りあわせながらまとめましたが、これで終わりにはなりません。読者のみなさまからの声をいただきながら、「気づき」を学校におけるソーシャルワークの共通基盤に練り上げていく仕事が、まだ残っています。

　本書も、かもがわ出版の吉田茂氏より示唆をいただき、刊行に結びつけることができました。この場を借りて御礼申し上げます。なによりご多用ななかで、編者の意を汲み取り、さらに発展的・創造的に筆を走らせていただいた執筆者のみなさまに心からの謝辞を申し上げます。

鈴　木　庸　裕

【筆者プロフィール】（登場順、＊は編者）

＊鈴木　庸裕（すずきのぶひろ）日本福祉大学子ども発達学部　第1部1

＊新井　英靖（あらいひでやす）茨城大学教育学部　第1部2

＊佐々木千里（ささきちさと）名古屋市立大学特任教授　第1部3

猪狩恵美子（いかりえみこ）福岡女学院大学人間関係学部　第2部1

中村　崇江（なかむらたかえ）自治医科大学とちぎ子ども医療センター・医療
保育専門士　第2部2

渡邉　鮎美（わたなべあゆみ）茨城県立友部東特別支援学校　第2部3

永田　麻詠（ながたまよ）　四天王寺大学教育学部　第2部4

金　　光敏（きむくぁんみん）特定非営利法人コリアNGOセンター事務局長・
教育コーディネーター　第2部5

倉持　　恵（くらもちめぐみ）弁護士　第2部6

山本　操里（やまもとさおり）宮城県教育委員会スクールソーシャルワーカー
第2部7

高瀬　芳子（たかせよしこ）福島県大熊町教育委員会・福島県相双教育事務
所スクールソーシャルワーカー　第2部8

清山　真琴（きよやままこと）南相馬市健康福祉部・作業療法士　第2部9

鈴木　　文（すずきあや）福島県児童養護施設ファミリーソーシャルワー
カー・里親支援専門相談員　第2部10

鈴木　　仁（すずきひとし）社会福祉法人牧人会・福島県西白河地域相談セ
ンターこひつじ　第2部11

組版：小國　文男
装幀：加門　啓子

多文化社会を生きる子どもとスクールソーシャルワーク

2018年7月20日　第1刷発行

編著者　鈴木庸裕・新井英靖・佐々木千里
発行者　竹村正治
発行所　株式会社 かもがわ出版
　　　　〒602-8119　京都市上京区堀川通出水西入ル
　　　　TEL 075（432）2868　FAX 075（432）2869
　　　　振替 01010-5-12436
　　　　ホームページ http://www.kamogawa.co.jp
印刷所　シナノ書籍印刷株式会社

ISBN978-4-7803-0970-6 C0037　　　　　　　　　　©2018

好評発売中

子どもが笑顔になる
スクールソーシャルワーク

教師のためのワークブック

鈴木庸裕・佐々木千里・髙良麻子◉編

1800円＋税

子どもへの気づきがつなぐ
「チーム学校」

スクールソーシャルワークの視点から

鈴木庸裕・佐々木千里・住友　剛◉編

1800円＋税

子どもの貧困に向きあえる
学校づくり

地域のなかのスクールソーシャルワーク

鈴木庸裕・丹波史紀・村井琢哉・古関勝則
佐々木千里・梅山佐和・朝日華子◉著

2000円＋税

学校福祉のデザイン

すべの子どものために多職種協働の世界をつくる

鈴木庸裕◉著

1700円＋税

かもがわ出版